TRADUCTION

DES

PASSAGES LATINS,

TEXTES ET CITATIONS.

IL est fâcheux que l'on n'ait réflechi qu'après l'impression, à l'inconvénient qu'il y auroit de donner au Public un Ouvrage rempli de Citations Latines, qui n'étant pas entenduës d'un nombre de Lecteurs, dérangent la suite des Phrases, & attenuë par conséquent la force des raisonnemens; Sans quoi, l'on en eût joint l'explication en notte à la marge. L'Auteur a écrit pour un Pays, où l'Idiome latin est familier, & où l'usage interdit toute Citation en autre Langue que celle du Texte, dont on n'admet aucune version; il n'èst pas étonnant que cette remarque lui ait échapée. Mais pour suppléer à ce défaut, l'on a imaginé de joindre ici une Traduction des passages essentiels, avec un Index des Pages & des Lignes, où ils se rencontrent.

LETTRE I. Pag. 22. lign. 6. *Est-ce donc à vous seul que Dieu a parlé, êtes-vous les seuls dépositaires de sa parole.*

—— pag. 24. lign. 21. *Ce que vous lierez sur la Terre, sera lié dans le Ciel, &c.*

LET. II. pag. 24. lign. 23. *Toutte Sentence d'Excommunication, oblige, ou est nulle au premier abord.*

—— pag. 26. lign. 19. *Pourvû que l'appel ne soit pas frustratoire.*

—— pag. 27. lign. 26. *La Sentence d'Excommunication est nulle de plein droit, à moins qu'elle ne soit prononcée en connoissance de cause.*

—— pag. 28. lign. 5. *De même qu'en matiére civile, le dole ni la fraude ne se suppose pas, de même en matiére Canonique, on ne doit supposer ni le crime, ni le péché mortel.*

LET. III. pag. 30. lign. 17. *L'on ne peut excommunier qu'en cas de péché mortel.*

—— pag. 30. lign. 20. *Il n'y a point de péché mortel.*

—— pag. 30. lign. 22. *Donc le Juge est tombé dans une erreur de fait, qui entraine nécessairement celle de droit*

ETRENNE AU PAPE, OU LES FRANC-MAÇONS VANGÉS.

REPONSE A LA BULLE,

D'Excommunication Lancée par le Pape BENOIT XIV. l'an 1751. fulminée à Naples, dattée du XV. des Kal. de Juin, la XI. Année de son pontificat, avec une Copie exacte de la ditte *Bulle*, & une Traduction Françoise de la même pour la satisfaction des curieux en général.

Conférence Epistolaire entre un Napolitain & un Ministre de l'Eglise Romaine.

Imprimé aux dépens de l'Auteur
Et se trouve *A LA HAYE*,
Chez ÉTIENNE LOUIS SAUREL,
Libraire sur le Buitenhof.
M. DCC. LII.

droit ; donc l'Excommunication est nulle.

LET. pag. 31. lign. 7. Termes de la Bulle. *Plusieurs Societés connuës vulgairement sous le nom de Franc-Maçons, ou sous quel autre elles puissent se donner.*

—— pag. 34. lign. 8. *Vous êtes déjà coupables, parce que vous voulez être vous-même vos propres Juges.* Mais ne puis-je pas lui répondre. *Vous faites injustice, vous trompez, & cela vis-à-vis de vos Freres. Oui, vous faites injustice, &c.*

—— pag. 34. lign. 20. *Telle est la nature des Crimes, que d'eux-même ils se font reconnoitre.* Mais ces autres. *C'est au jugement des honnêtes gens encourir une note d'infamie & de perversité, que de s'aggreger à de pareilles Societez.*

—— pag. 38. lign. 29. *Car il y a plusieurs Membres*, dit Saint Paul, *mais ce n'est qu'un seul & même Corps.*

—— pag. 40. lign. 7. *Les membres du corps qui paroissent les plus foibles, & les plus infirmes, sont souvent les plus nécessaires. Car s'il y a difference dans le service & dans l'ad-*

l'administration, c'est pourtant toujours le même Seigneur & le même Dieu.

LET. pag. 40. lign. 25. *L'Excommunication n'a de force qu'en cas de peché mortel.*

—— pag. 41. lign 3. *Péchant ainsi contre leurs Freres, & affligeant leur conscience foible & timide, ils péchent en J. C.* qu'importe après tout, *l'on nous persécute, mais nous ne serons point abandonnés, on nous rejette, mais nous ne périrons pas.*

LET. IV. pag. 42. lign. 1. *Si le principe est faux, la conséquence l'est aussi.*

—— pag. 42. lign. 4. *Où la cause manque il ne peut y avoir d'effet.*

—— pag. 42. lign. 12. *Le Juge est dans l'erreur de fait déjà découvert; il est aussi dans l'erreur de droit.* Que dit la décretale. *La Sentence d'Excommunication peut être injuste de trois façons dans la cause dans l'intention, & dans la forme.*

—— pag. 42. lign. 18. *Je t'excommunie, pour avoir donné l'aumône, adoré & servi Dieu, ou fait quelque autre bonne action* Or dire, *je t'ex-*

t'excommunie pour avoir adoré Dieu &c. , n'est-ce pas une erreur intollerable? & lorsque l'Excommuication est injuste dans la cause , l'Excommunication n'est point tenu.

LET. pag. 43. lign. 16. *Tomber d'un écueil, d'un piége dans un autre.*

—— pag. 43. lign. 23. *Du fond même de la Cause.*

—— pag. 46. lign. 24. *La charité est compatissante sans aigreur, sans colere, sans soupçon.* —— Il ne suffit pas de l'autoriré. *Tout m'est permis.* Ainsi parloient les Tyrans, mais je pourrois lui répondre, *mais tout n'est pas à propos. Tout vous est permis, oui. Mais on ne me soumet pas par le poids du pouvoir.*

LET. V. pag. 47. lign. 13. *Parce que l'excommuniant , le Juge, a non-seulement péché dans le principe , mais encore dans l'intention & dans la forme.*

—— pag. 49. lign. 15. *Qu'avant l'Excommunication, il se fasse trois, ou au moins une admonition , & qu'il soit observé un intervalle de quelques jours.*

pag. 49. lign. 28. *Anathême à qui parlera d'Antipodes.*

LET. pag. 50. lign. 2. *Anathême à qui parlera des Maçons, ou qui le sera.*

LET. VI. pag. 58. lign. 9. *Ne vous-ai-je pas annoncé dès le commencement qu'il falloit vous aimer les uns & les autres.*

—— pag. 58. lign. 14. *Quiconque haït son Frere, est coupable d'homicide.*

—— pag. 59. lign. 18. *Si un de vos Freres avoit une Epouse infidelle, & qu'elle consentit d'habiter avec lui, qu'il la conserve, & de même pour la Femme.*

—— pag. 59. lign. 25. *La Femme fidelle sanctifie l'Epoux infidele, & l'Epoux fidele sanctifie la Femme infidelle, d'où il suit que leurs enfants seront purifiez & nets.*

LET. VII. pag. 67. lign. 17. *Si un Aveugle conduit un autre Aveugle, ils tombent tous deux dans la fosse.*

—— pag. 68. lign. 4. *Les honneurs changent les mœurs.*

—— pag. 68. lign. 23. *Faites, Seigneur, qu'après avoir été rassasiez de vos dons sacrez, nous méprisions tout ce qui est hors de vous, & de*

cher-

cherchions que l'intérêt de vôtre gloire.

LET. pag. 69. lign. 9. *Ce n'est pas un secret impénetrable, & la Sentence de Cecilius Natalis est deplacée.*

—— pag. 69. lign. 24. *Chose bonnête est toujours publique, les crimes sont toujours secrets.*

—— pag. 69. lign. 28. *Qui fait mal, fuit le grand jour.*

—— pag. 70. lign. 11. *Lorsque vous faites l'aumône, que votre main gauche ignore ce que fait la droite.*

—— pag. 74. lign. 10. *Un silence exact n'est jamais sans récompense.*

LET. VII. pag. 80. lign. 6. *Est-il permis à chacun de se prévaloir, d'une promesse, ou d'un serment en géneral.* Oui.

—— pag. 80. lign. 9. *Il y a trois espéces de sermens. Volontaire, nécessaire, & judiciaire. Et suivant les cas, differentes personnes peuvent valablement les recevoir.*

—— pag. 81. lign. 1. *Serment au mal n'oblige point.*

LET. X. pag. 91. lign. 18. *L'œil ne peut pas dire à la main, je n'aurai pas besoin de ton secours.*

—— pag. 92. lign. 24. *C'est la voix de l'indul-*

l'indulgence, & non celle de l'autorité.

LET. pag. 92. lign. 29. *Il viendra de Sion, pour arracher Jacob à son impieté.*

—— pag. 93. lign. 10. *Que tout se fasse dans la Charité.*

—— pag. 93. lign. 18. *Nous ne voyons à present qu'un Enigme, tout semble caché d'une glace, mais devant Dieu, tout sera découvert.*

—— pag. 60. lign. 19. Note échapée. *L'on ne peut plus soupçonner les Franc-Maçons du péché philosophique, puisqu'ils ont les Jesuites pour Ennemis, à moins que l'on ne veule dire que ces derniers ayent déclamé contre eux par rivalité.*

LES

AVIS
DU
LIBRAIRE.

L'on à pensé que la véritable Préface du Livre devoit être la Bulle elle même à laquelle l'on répond, en effet quel interêt pourroit on prendre aux reponses & aux arguments de l'Auteur, si l'on, n'avoit préliminairement au moins, une notion générale de la matière & de l'objet que l'on discute, hors cette notion, ou peut on la puiser plus surement que dans les propres paroles de la Bulle, telle qu'elle est dans toute son etendüe & son contexte, on en trouvera ici & l'original & la traduction. Au reste l'on ne doit pas être surpris de rencontrer dans le Corps de l'Ouvrage quantité de passages Latins soit de la Bible, des Canons ou de droit. l'Auteur écrit à un

 moine,

moine, ce dernier eſt cenſè ne pouvoir être convaincu que par des arguments enforme. telle eſt l'eſpece de ceux que l'on va lire; quoique degagés de la Sécbereſſe de l'Ecole. les ſix motifs ſur leſquels le Pape appuye ſa ſentence ſont totalement nuls & illuſoires, la ſentence elle même péche dans les principes & dans la forme, elle doit donc être ſans effet. Ceſt avec bien du menagement que l'Auteur s'explique mais il paroit au moins que c'eſt avec bien de la ſolidité, il eſt reſpectueux & doux parcequ'il eſt ſujet au St. Siége, mais il paroit Ennemi de l'oppreſſion, quel eſt l'homme qui n'en craigne le poids.

CO-

COPIE DE LA BULLE.

Cariſſimi in Chriſto Patris & domini noſtri domini Benedicti Papæ decimi Quarti, Conſtitutio. Quà nonnullæ Societates ſeu Conventicula de liberis Muratoriis, ſeu de Franc-Maçons, *vel aliter nuncupata iterum damnantur & probibentur. Cum invocatione brachii & auxilii ſæcularium Principûm & poteſtatûm. Romæ* MDCCLI.

Ex Typographiâ Reverendæ Cameræ Apoſtolicæ.

BEnedictus Epiſcopus ſervus ſervorum Dei ad perpetuam rei memoriam.

Providas Romanorum

TRADUCTION DE LA BULLE.

Conſtitution de nôtre très cher & très Saint Pere en Jeſus-Chriſt le Pape Benoit XIV. par laquelle avec l'aſſiſtance du bras ſeculier qu'il demande à tous les Princes & puiſſances, il defend & condamne tout de nouveau, toutes les Societés ou aſſemblées connües ſous le nom de *Franc-Maçons* ou tel autre que ſe ſoit. Fait & donné à Rome l'an 1751.

De l'Imprimerie de la Reuerende Chambre Apoſtolique.

B*Enoît Evêque, ſerviteur des ſerviteurs de Dieu Connû ſoit pour toujours & à tous.*

N'ayant pas ſeulement

rum Pontificum predecessorum nostrorum loges atque sanctiones, non solum eas quarum vigorem, vel temporum lapsu, vel hominum neglectu labefactari aut extingui posse veremur, sed eas etiam quæ recentem vim plenumque obtinent robur, justis gravibusque id exigentibus causis, novo auctoritatis nostræ munimine roborandas, confirmandasque censemus.

ment en vûe en confirmant & corroborant du sceau de nôtre autorité, les loix & edits des pontifs Romains nos predecesseurs. Ceux dont le lapse de temps a pû attenuer la vigueur, mais même ceux qui pour des causes justes & graves sont encore tout recents, & jouïssent de toute leur force, nous les rapellons, toutes & singulierement.

Sané félix Reverendus predecessor noster Clemens Papa XII. per suas Apostolicas Litteras, an jncar. dom. MDCCXXXVIII. IV. Kal. maji, Pontificatus sui Anno. VIII. datas & universis Christi fidelibus inscriptas quarum initium est. In Eminentes nonnullas &c. datum Romæ anno jnc. Dom. MDCCXXXVIII. IV. Kal. maji Pontif. nri anno VIII. — *l'on passe tout de-*

Nôtre predecesseur le Pape Clem. XII. d'heureuse memoire, par ses lettres apostoliques datées du IV. de mai, l'an du Seigneur 1738 & le 8. de son pontificat a bien justement proscrit & condamné certaines, sociétés, Congregations, & assemblées connuës sous le nom de Franc Maçons, qui se repandoient alors dans différents païs, & qui toujours depuis se sont accrûes, desuite à la Bulle de Benoît XIV. parceque elles sont une repetition mutuelle, & quel'une des deux suffit. —

Cum autem sicut accepimus, aliqui fuerint, quiasserere ac vulgò jactare non dubitaverint, dictam excommunicationis póénam à predecessore nostro ut præfertur impositam, non amplius afficere, propterea quod ipsa præinserta constitutio à nobis confirmata non fuerit; quasi verò pro Apostolicarum Constitutionum à predecessore editarum subsistentiâ, Pontificis successoris expressa confirmatio requiratur.

Cumque etiam, à nonnullis piis ac deum timentibus viris nobis insinuatum fuerit: ad omnia Calumniantium subterfugia tollenda, declarandamque animi nostri cum ejusdem Prædecessoris mente ac voluntate uniformi-

crites. par ces mêmes Lettres il prononcoit la peine de l'excommunication ipso facto, *reservant au Souverain pontif seul le droit & pouvoir d'absoudre (excepté dans le cas de l'article de la mort,) tous ceux qui non seulement, s'initieroient & aggregeroient à ces societés & assemblées, mais encore tous ceux qui les aideroient, protegeroient, secoureroient, refugieroient cacheroient; comme il conste plus amplement, par ces mêmes Lettres qui commencent par ces paroles*, in Eminentes, *& dont voici la teneur.*

*Clement Evêque serviteur des serviteurs de Dieu &c.. Com-
„ me cette bulle de Cle-
„ ment XII. est rap-
„ pellée de mot à mot
„ dans celle du Pape
„ Benoit XIV. l'on
„ omettra la premiere
„ crainte de prolixité
„ pour,*

mitatem, magnopere expediens fore, ut ejusdem Prædecessoris constitutioni, novum confirmationis nostræ suffragium adjungeremus.

Nos licèt huc usque: dum pluribus Christi fidelibus, de violatis ejusdem constitutionis legibus, verè pœninentibus atque dolentibus, seque à damnatis hujusmodi societatibus seu conventiculis, omninó recessuros, & numquám imposterùm ad illas & ilia redituros, ex animo profitentibus. absolutionem âb incursâ excommunicatione, anteà sæpè, tum maxime elapso Jubilæi anno benignè concessimus: seudum potestatem Póénitentiariis à nobis deputatis communicavimus, ut hujusmodi póénitentibus qui ad ipsos Confugerent, eamdem absolutionem nostro nomine & autoritate imper-

„ pour, passer tout de „ suite à la seconde „ qui est precisement „ celle dont s'agist.

Ayant été informés que plusieurs personnes avoient avançé que cette peine & Sentençe prononcée par nôtre predecesseur n'avoit plus aucune valeur n'y Effet en ce que elle n'auroit pas été confirmée par nous, Comme si les Constitutions Apostoliques avoient besoin d'etre Confirmées par le Successeur du Pontif duquel elles sont emanées, D'ailleurs nous ayant été conseillé par plusieurs personnes pieuses & craignant Dieu, pour faire cesser tous les subterfuges de la ca[illegible]nie, de faire voir que nôtre intention est absolument conforme à celle de nôtre predecesseur. en consequençe de joindre nôtre suffrage en confirmation de

pertiri, valerent: tum etiam ſollicito vigilantiæ ſtudio inſtare non prætermiſimus, ut à competentibus judicibus & tribunalibus adverſus ejuſdem Conſtitutionis violatores pro delicti menſurâ procederetur, quod & ab eis reipſâ ſæpe præſtitum fuit; non quidem probabilia dumtaxat ſed planè evidentia & indubitata argumenta dederimus, ex quibus animi noſtri ſenſus ac firma & deliberata voluntas, quoad cenſuræ per dictum Clementem Prædeceſſorem ut præfertur, impoſitæ vigorem & Subſiſtentiam ſatis apertè inferri debuerant: ſi quæ autem contraria de nobis opinio circumferatur. Nos eam ſecuri Contemnere poſſemus, cauſamque noſtram juſto dei ommipotentis judicio relinquere, ea verba uſurpantes: quæ olim in-

de la Conſtitution qu'il a dejà faite ſur cet article. Nous avons dejà fait voir d'une facon non pas probable, mais parfaitement evidente qu'elle étoit nôtre façon de penſer: puiſque non ſeulement pendant le Cours de l'année du Jubilé, mais même encore avant & après nous avons nous même accordé l'abſolution & relevé des Cenſures, ceux qui vrayement penitents, ſont recourus à nous, en s'accuſant d'avoir enfraint les Conſtitutions de nôtre predeceſſeur. ayant en outre permis à nos penitentiers de les abſoudre, & ayant enjoint à nos Tribunaux de ſevir contre les delinquants ainſi que pluſieurs l'ont fait. c'étoit ſans doute bienfaire eclater nos ſentiments. mais enfin puiſque la calomnie nous en préte de contraires, n'ayant rien à nous reprocher, nous remettons tout à la juſ-

tice

intèr Sacras actiones recitata fuisse Constat: „ Præsta quæsumus „ Domine ut & men- „ tium reprobarum „ non curemus oblo- „ quium, sed eâdem „ pravitate calcatâ, „ Exoramus, ut nec „ terreri nos lacera- „ tionibus patiaris in- „ justis, nec captio- „ sis adulationibus „ implicari: sed po- „ tius, amare quod „ præcipis. Ut habet antiquum Missale. Quod S. Gelasio prædecessori nostro tribuitur in missâ quæ inscribitur *Contra obloquentes*.

Ne tamén aliquid per nos improvidé prætermissum dici valeret. Quo facilé possemus mendacibus calumniis fomentum adimere atque os obstruere. Audito primum nonnullorum Ven. Fratrum nostrorum R. Episcoporum & Cardinalium Consilio. Eamdem præ-

tice divine, Employant les belles paroles de St. Gelase dans sa messe du vieux missel Contra Obloquentes. *Accordés nous Seigneur de faire peu de cas des discours de la Calomnie, & en me prisant sa noirceur & sa malice, nous vous prions que nous n'ensoyons pas effrayés, n'y seduits par la dangereuse amorçe de la flatterie, mais que nous suivions exactement ce que vous prescrivé.*

Neanmoins pour que l'on ne puisse nous imputer aucune negligence n'y aucune omission, dont il seroit pourtant facile de nous justifier; après avoir oui & pris Conseil de nos venerables freres nos R. Ev. & Cardinaux. Nous avons renouvelle ici dans touee sa forme & teneur & demot à mot tel-

prædeceſſoris noſtri conſtitutionem præſentibus ut ſuprà de verbo ad verbum inſertam, in formâ ſpecificâ, quæ omnium ampliſſima & efficaciſſima habetur, confirmarè decrevimus. Prout eam ex certâ ſcientiâ & Apoſtolicæ autoritatis noſtræ plenitate, earumdem præſentium litterarum tenore omnibus & per omnia, perindé ac ſi noſtris motu proprio, autoritate ac nomine primum edita fuiſſet, confirmamus, roboramus & innovamus, ac perpetuam vim & autoritatem habere volumus & decernimus.

telle qu'elle a été raportée cy-deſſus. Et de nôtre certaine ſciençe & autorité Apoſtolique nous la confirmons dans tous ſes points & articles. Voulons & entendons, qu'elle ait la même force & vigueur, que ſi nous en avions été les premiers auteurs & quelle fut directement & immediatemment emanée de nous. Et ce pour les mêmes cauſes y mentionées & enoncées, entre lesquelles nous obſervons,

Porró intér graviſſimas præfatæ prohibitionis & damnationis cauſas in præinſertâ Conſtitutione anunciatas.

Vna eſt. quod in hujuſmodi ſocietatibus & Conventiculis cujuſcunque Religionis ac

Premierement que dans ces ſortes de Societes & aſſemblées, l'on reçoit & l'on admet, gens

ac sectæ homines invicem consociantur; quà ex re satis patet quàm magna pernicies Cathôlicæ Religionis puritati inferri valeat.

gens de toute sorte de secte & de religion, d'ou ils conste Evidemment combien ces sortes d'associations sont pernicieuses à la pureté de la religion Catbolique.

Altera Est arctum & imperviumsecretifóedus. Quo occultantur ea quæ in hujusmodiConventiculis fiunt, quibus proindé ea sententia merito aptari potest quam Cecilius Natalis apud Minucium Felicem in causâ nimium diversâ protulit. *Honesta semper publico gaudent scelera secreta sunt.*

Secondement un secret etroit & criminel, couvre & derobe à la connoissance tout ce qui se passe parmi eux, d'ou il s'ensuit que l'on peut leur appliquer cette belle Sentençe que Cecilius natalis disoit à Minucius felix, dans un cas neanmoins bien different, Les Choses honêtes sont toujours & doivent toujours être publiques, les crimes sont toujours cachés.

Tertia est jusjurandum quo se hujusmodi secreto inviolabilitér servando adstringunt, quasi licéat alicui; cujuslibét promissionis aut Juramenti obtentu se tueri, quominus à Legitimâ potestate interrogatus omnia fateri teneatur, quæ-

Troisiemement ils s'obligent à maintenir ce secret par un serment & un jurement affreux, Comme si il étoit permis à quelqu'un de se parer d'un serment illegitime, pour se soustraire à l'obeissance qu'il doit à ses Superieurs, & pour s'exempter de repon-

quæcumque exquiruntur ad dignoſcendum, an aliquid in hujuſmodi conventibus fiat quod ſit contrà Religionis aut Reipublicæ Statum & Leges.

Quarta eſt quod hujuſmodi Societates non minus civilibus quàm Canonicis ſanctionibus adverſari dinoſcuntur; cum ſcilicét jure Civili omnia Collegia & Sodalitia præter publicam auctoritatem conſociata prohibeantur. ut videre eſt in Pandectarum Lib. 47. Tit. 22. *de Collegiis & corporibus illicitis*. & in celebri epiſtolà C. Plinii Cecilii Secundi quæ eſt 97. Libri X. in quâ aït, Edicto ſuo Secundum Imperatoris mandata vetitum fuiſſe ne Heteriæ eſſent. id eſt, ne Societates & Conventus ſiné Principis auctoritate iniri & haberi poſſént.

Quinta eſt quod jam in

pondre lorſqu'il eſt interrogé ſur des faits qui peuvent conduire à decouvrir ce qui ſe paſſe dans cette Societé, contraire à la religion, à l'état & aux loix.

Quatriemement ces Societés paroiſſent opposées aux loix civiles & Canoniques. car le droit civil pour la ſureté publique defend toutes les aſſemblées, ſocietés & Colleges ainſi qu'il eſt au digeſte Liv. 47. *Tit.* 22. *des Colleges & Corps illicites. Caïus Plinius dans ſa celebre Epitre de Cecile* 2. *qui eſt la* 47. *du* 10. *Liv. raporte que ſuivant le dit de l'Empereur les beteries furent defendües, c'eſt à dire qu'il ſe fit aucune aſſemblée ou adunation ſans l'autorité du Prince.*

La cinquieme cauſe que

in pluribus regionibus, memoratæ Societates & aggregationes Sæcularium Principum Legibus proscriptæ ; atque eliminatæ fuerunt.

que déja dans plusieurs païs, les princes Seculiers, ont chassés & proscrits ces sortes de societés.

Ultima demum. quod apud prudentes & probos viros eædem Societates malé audirent, eorumque judicio, iisdem nomendare, idém omninó sit ac pravitatis & perversitatis notam incurrere.

La sixieme & derniere enfin, c'est que les gens sages, & prudents en pensent Très mal, & que c'est suivant eux encourir une notte d'infamie & de perversité que de s'y faire agrèger.

Denique idem Prædecessor in præinsertâ Constitutione Episcopos & Superiores, Prælatos, alios que locorum ordinarios excitat. Ut pro illius executione, si opus fuerit; brachii sæcularis auxilium invocare non prætermittant.

Enfin nôtre dit predecesseur dens la même Constitution, invite tous les Evêques, Superieurs, prelats & ordinaires, d'implorer s'il est necessaire pour son execution, l'assistance du bras seculier.

Quæ omnia & singula, non solum à nobis approbantur & confirmantur, eisdemque Ecclesiasticis, superioribus respectivé com-

Hors nous approuvons & ratifions non seulement toutes ces choses, reïterant les mêmes injonctions aux Ecclesiastiques & superieurs

commendantur & injunguntur: verum etiam, Nos ipsi pro Apostolicæ Sollicitudinis officio, præsentibus nostris. Catholicorum Principum omniumque Sæcularium potestatum opem & auxilium ad præmissorum effectum invocamus, & enixo studio requirimus. Quum ipsi Supremi Principes & potestates electi sint à Deo defensores fidei Ecclesiæque protectores. Ideoque eorum munus sit idoneis quibusque rationibus efficere: ut Apostolicis cis Constitutionibus debitum obsequium & omnimoda observantia præstetur. Quod iis in memoriam revocarunt Tridentini Synodi Patres Seff. 25. Cap. 20. multóque anteà egregié declaraverat imperator Carolus Magnus suorum Capitularium Tit. 1. Cap. 2. ubi post demandatam omnibus sibi

rieurs respectivement, mais aussi pour remplir nôtre devoir Apostolique. Par les presentes nous invoquons le secours de tous les princes Catoliques & puissances Seculieres, pour l'effet desdites, d'autant que les Princes & Souverains sont destinés de Dieu pour être les soutiens & les defenseurs de l'église, & que leur soin doit être de faire maintenir à leurs Sujets, le respect & l'obeïssance qui est düe aux Constitutions Apostoliques, ainsi que la Concile de Trente le leur rapelle sect. 25. *Cap.* 20. *& que bien du temps auparavant ils le trouvent par l'exemple de l'Empereur Charles Magne, dans ses Capitulaires Tit.* 1. *Chap.* 2. *ou après avoir recommandé à ses Sujets l'observance düe aux decrets & loix Ecclesiastiques, il ajoute*, car comment pourrions nous compte

bi subditis, Ecclesiasticarum Sanctionum observantiam, hæc edidit. *nam nullo pacto agnoscere possumus qualitér, nobis fideles existere possint, qui deo infideles, & suis Sacerdotibus inobedientes apparuerint.*

Quapropter Cunctis ditionum suarum Præsidibus & ministris injungens, ut, omnes & singulos ad debitam obedientiam Ecclesiæ legibus exhibendam omninò compellerent; gravissimasque póénas adversus eos indixit qui hoc præstare negligerent: Subdens intér alia: *qui autém in his (quod absit) aut negligentes eisque inobedientes fuerint inventi, sciant se nec in nostro imperio honores retinere, Licét etiam filii nostri fuerint, nec in palatio Locum, neque nobiscum & cum nostris Societatem aut Communionem ullam habere, sed*

ter que ceux la nous soient fideles, que nous verrions infideles à Dieu & desobeïssants à ses ministres, *aussi avoit il enjoint à touts les Chefs de ses Jurisdictions de conduire tous ses Sujets à l'obeïssance qu'ils doivent aux loix de l'église, & ce sous des peines très graves, ordonnant entre autres choses:* que quiconque (ce que à Dieu ne plaise) seroit reconnu en negligence ou desobeïssance sur ce point, non seulement ne jouïroient pas des honneurs dans son Empire fussent même ses propres fils, qu'ils n'auroient plus de place au Palais, n'y de frequentation avec les siens, *mais encore* qu'ils seroient plus grievement Punis.

Vo-

sed magis sub distri-ctione & arduitate pöé-nas luent.

Volumus autemut earumdem præsentium transsumptis etiam impressis manu alicujus notarii publici subscriptis, & sigillo personæ in, dignitate Ecclesiasticâ Constitutæ munitis eadem fides prorsus adhibeatur, quæ ipsis originalibus litteris adhiberetur si forent Exhibitæ vel ostensæ.

Voulons finalement qu'a toute Copie des presentes même imprimée signée d'un notaire Apostolique, & scellée da nôtre scel, ou de telle autre personne constituée en dignité Ecclesiastique, il soit ajouté même foi qu'a l'original.

Nulli Ergó hominum Liceat hanc paginam nostræ Constitutionis, innovationis, approbationis, Commissionis, requisitionis, invocationis decreti & voluntatis infringere vel ei ausu temerario Contradicere: si quis autem hoc attentare præsumpserit, indignationem omnipotentis dei ac beatorum Petri & Pauli Apostolorum se noverit incursurum. Datum Romæ apud Sanc-

Defendons consequemment à quiconque, doser contredire ou enfraindre, nôtre presente, confirmation, renovation, aprobation, comission, invocation, requisition decret & volanté, s'il ne veut encourir la malediction du Seigneur & celle des bien heureux apôtres St. Pierre & St. Paule, fait & donné à Rome à Ste. Marie Majeure l'an du Seigneur 1751. 15. Kal. de Juin, la 11 de nôtre Pontifi-cat,

sanctam mariam Majorem anno juc. Dom. MDCCLI. XV. Kal. Junii pontif. uri anno XI.

D. Card. *Passioneus.*

J. Daterius.

Visa de Curiâ *J.* C. *Boschi* &c.

Registrata in *Secretaria* brevium.

cat, *Signé D. Card.* Passionée, *& plus bas* J. Dataire *avec Visa, sceau Paraphe & datte d'enregistrement &c...*

LES

LES

FRANC-MAÇONS VANGES,

Réponse à la Bulle d'Excommunication lancée par le Pape Benoit XIV. l'an 1751. XV. des Kal. de Juin l'onziéme année de son Pontificat.

Conference Epistolaire entre deux Amis.

LETTRE PREMIÉRE.

Mon Revérend Pere & très cher Ami.

L'Habit monastique n'est donc plus si contagieux, il n'influe plus sur tous les caractères, & il suffit d'être homme sensé, pour être éxempt des foiblesses & des préjugés, je pourrois même dire de l'obstination que cette robe semble donner à ceux qui en sont révetus. je le vois par les judicieuses réflexions que vous joigniez à votre lettre, ſous l'enveloppe de laquelle j'ai en même tems reçu les foudres du Vatican. Les chaleurs exceſſives qu'il fait depuis quelque tems m'annonçoient bien des orages, mais je vous avoüerai que je ne m'attendois pas à en voir éclater un de cette eſpèce. Après tout, il faut laiſſer gronder le Tonnerre, ſans vouloir en développer les cauſes; il ſuffit de ſe ſentir à l'abri de ſes effets: cette ſécurité eſt le fruit d'une conſcience ſans reproche, elle eſt le ſiſtème de la raiſon.

Je me bornerois à cette ſimple réponſe, ſi vous ne m'aviés paru en déſirer une plus étenduë, il eſt juſte de vous ſatisfaire, qu'aije à craindre en vous écrivant? C'eſt à l'amitié ſeule que je parle, peu jalouſe du Stile & de l'ornement, elle ne cherche que la choſe & la penſée: je veux vous développer les miennes, certain que vous ſerez indulgent ſur le peu d'ordre & d'arrangement, qui en règlera la diſtribution. Commençons donc, & voyons ce que vous m'avez envoyé.

L'édit Suprème d'une Puiſſance à qui rien ne reſiſte, la ſentence définitive d'un Tribunal infaillible, l'Arrêt irrévocavocable d'un Juge ſans appel, en un mot, la Bulle du Souverain Pontife lancée contre vingt Millions d'ames, connuës ſous le nom de Franc-Maçons; titre reçu chez toutes les nations, & dans tous les païs, & qui caractériſe également chez tous les peuples la Societé des gens d'honneur, qui ſe voit aujourd'hui écraſée ſous le poids de la colère du St. Siége. Voilà l'objet. Or que contient cette Bulle? une ſégrégation du ſein de l'Egliſe: c'eſt une mère qui désherite ſes enfans du patrimoine de Jéſus-Chriſt, c'eſt une réprobation anticipée, c'eſt une excluſion formelle des Sacremens & des Miſtères, c'eſt l'exil le plus affreux de la Terre de Promiſſion: plus de part aux graces, plus de mérite dans les Sacrifices, plus de valeur dans les offrandes plus d'innocence dans les priéres; plus d'égard au caractère de Chrétien, que l'eau Sainte du Bâtème ſembloit avoir conferé d'une maniére irrévocable. Le Vicaire d'un Dieu de paix, vient d'allumer la guerre aux quatre coins du Monde. Voilà l'idée que preſente l'Excommunication, & la cénſure Eccléſiaſtique dont vous m'a-

 vez

vez envoyé copie. Quel est le sentiment que j'en conçois, voilà ce que vous voulez savoir. Eh bien! Mon Reverend Pere, il est conforme à mon devoir. J'ai beau m'écrier avec St. Paul; *An à vobis verbum Dei processit, aut in vos Solos pervenit.* Ce n'est que ma raison qui se revolte, je la fais taire, pour plier mon esprit au joug de l'authorité. l'avantage glorieux de Professer la réligion Catholique, Apostolique, & Romaine *, dont j'ai succé les principes avec le lait de mon premier âge; m'inspire une juste confiance pour toutes les loix qui me sont imposées par le Chef que je reconnois, & loin de m'écarter de ce sentiment, je cherche à l'inspirer à tous ceux que je vois hésiter sur un point d'obéïssance aussi essentiel. Je me souviens du *Quodcumque Ligatum*, j'en sens toute la force, & je respecte tous les décrets de celui qui joüit de ce pouvoir. Je sçai que j'ai besoin de ces clefs spirituelles, qui doivent suivant le

* L'Auteur affecte d'être Zelé Catolique Romain pour être moins suspect.

le Texte même d'Isaïe, m'ouvrir les portes de la béatitude. Mais n'est-il aucun cas où ce pouvoir puisse être restraint, & ne doit-il pas l'ëtre suivant les règles de la Justice Divine ? Ne peut-il pas quelquefois y avoir de l'injustice à fermer avec tant de rigueur le Sanctuaire des Saints ? c'est ce que je voudrois bien examiner, si j'étois sûr, mon cher ami, que vous fussiez seul dépositaire de mes réflexions : si vous me le promettez, elles feront la matiére de la premiére Lettre que je vous écrirai. Finissons celle-ci, en vous assurant que l'on peut tout me défendre, excepté d'être pour la vie.

V. S. & Ami,
N. N.

LETTRE II.

OUI le pouvoir du Pontife doit être resserré dans de justes limites, & cette puissance dont il se pare, ce droit de lier ou d'absoudre n'est pas à beaucoup près si étendu qu'il le prétend. Outre les règles qu'il reçoit du droit canon même, il est encore borné par l'intention de celui de qui il est émané. C'est un principe que le délegué ne puisse éxercer que strinctement le droit qui lui est confié; or de qui le Pontife reçoit-il son autorité ? D'un Dieu dont la Justice immuable, attribut caracteristique de son essence ne permet pas qu'il lie ou qu'il punisse ce qui véritablement ne mérite pas de l'être, d'un Dieu Créateur de l'homme libre, & qui n'a pas voulu lui donner des fers, l'assujettir en Esclave, ni lui commander en Tiran; d'un Dieu enfin qui n'a pas confié à son Vicaire, à son Ministre le droit indistinct & illimité de lier toutes choses au gré de sa prévention & de son caprice, sans égard à leur nature, & c'est cependant ce qui seul peut fonder & valider les sentences & les condamnations. Il est vrai que suivant la Decretale, *Excommunicatio vel statim ligat, vel statim nulla est.* Y a t'il rien de plus triomphant en notre faveur : si la Bulle produit l'un de ces deux effets : necéssairement aussi faudra-t'il scruter quels sont les motifs qui la fondent : l'un & l'autre éxamen sort de la loi même dans laquel-

le

le le Pontife puiſe ſon autorité, & c'eſt ce qui doit faire la baſe du raiſonnement. Le Pontife obſervera d'abord que notre obeïſſance excède le devoir, puiſque nous raiſonnons dans la ſuppoſition d'une Bulle déjà reçuë, tandis que nous pourrions nous en porter pour Appellans. Nous trouvons cette règle dans les paroles même du Légiſlateur : *Nos itaquè reſpondemus quod cum éxécutionem Excommunicatio ſecum trahat &c.* d'où il s'enſuit que la ſentence d'Excommunication comme je vous l'ai dit ci devant, de l'inſtant même qu'elle eſt prononcée, eſt nulle ou obligatoire. La lumiere que l'on peut puiſer ſur cet article dans le Gloſſateur, ſemble être aſſez indifferente au cas particulier : l'eſpèce qu'il propoſe place le Quidam touché de la Sentence dans le cás de l'appellation probable, & alors il prouve qu'elle n'a point d'effet, ou tout au moins qu'elle dépend de l'evénement futur & de l'iſſuë de l'appel, ainſi que la validité du mariage en cas d'appel pour cauſe de frigidité ou infirmité &c. dépend du ſuccès que doit avoir la queſtion ; il eſt donc toujours libre de ſe porter pour Appellant d'une Sentence d'Excommunication émanée même du Souverain Pontife ; c'est du Juge au Juge que se doit porter la cause ; il n'y a point de Tribunal intermédiaire, c'est un point convenu. mais cette voye de la justice la plus ordinaire & la plus simple, que l'on pourroit appuyer d'une foule d'autorités, ne déroge point à ma premiere these. *Et etiamsi possit appellari nihil ominus ligat sententia aut statim nulla est.* Ce principe une fois posé, avant d'entrer dans le détail, tirons-en les conséquences. Qu'en résulte-t'il ? qu'en suivant toujours le Législateur & les règles qu'il me présente, je puis ainsi que je le trouve au titre des Apellations former mon Apel, le poursuivre, obtenir des Lettres qui m'y fondent. *Modo non sit frustratoria appellatio.* Risque que je ne cours certainement pas, puisque j'ai au moins la probabilité en ma faveur. Mais ce rôle ne convient qu'à un Chef de parti : il faudroit être ou plus docte, ou plus protegé que je ne le suis, pour prendre en mon nom seul la défense de tous, content de connoître mes droits, je fais peu de cas de les exercer, & ce n'est que dans l'Hypothèse que j'argumente : suivons-là toujours

toujours cette Hipothèse ; me voilà pour un moment aux pieds du Saint Siége, je réclame le privilège qui m'est du. Le Souverain Pontife m'accorde de former cette Appellation : *Infra terminum eam prosecuturus iter ad nos arripiat veniendi*, dit le Pontife. Je pars, muni des Lettres qui me reçoivent pour Appellant. Que vais-je présenter au Chef de l'Eglise ? un Rébelle, un Téméraire, un Hérétique ; car ne doutez pas que cette qualification ne me fût donnée au premier pas : ce seroit effectivement le seul moyen de se préserver du dangereux bon sens d'un homme qni oseroit avancer que la Bulle est nulle. Cependant tel seroit mon sistème, & j'en puiserois la conviction dans les premiéres notions du Droit Canonique : je trouverois d'abord qu'il faut pour la validité d'une Sentence d'Excommunication une qualité bien essentielle. Je trouverois qu'elle ne peut être prononcée qu'en cas de peché mortel, au titre *de verborum significatione*, mais en supposant celui-là, je trouverois encore : *est ipso jure nulla, nisi lata sit in causâ cognita & scitâ*. J'irois plus loin ; je ferois marcher le Droit Canon d'un pas égal avec les Loix Civiles, je je crois le pouvoir d'autant mieux qu'ils ſont l'un à l'autre un appui réciproque, & que c'eſt dans leur juſte combinaiſon qu'on puiſe la vraye diſcipline : alors je montrerois, *Quemadmodum dolus non ſupponitur, item nec crimen, nec peccatum mortale poteſt ſupponi.* Ce n'eſt pas encore tout, j'ajouterois, qu'en accordant encore pour un moment que l'Excommunication *ſub conditione* pourroit avoir quelque force & quelque valeur. (Article ſur lequel, je pourrois néanmoins m'étendre en diſtinctions très longues,) j'ajouterois, dis-je, que la Bulle dont il s'agit n'a pas même cette clauſe ſi néceſſaire pour la rendre au moins ſupportable. Je préviendrois l'objection qu'on ne manquera pas de me faire, & qui réſulte du ſcandale, je ferois voir qui ſont ceux qui ſcandaliſent, je ferois voir qu'un Peuple tranquille dans ſon imbécillité, ne prend que les idées qu'on lui donne, je ferois voir qu'un Roi prudent aſſis en paix ſur le Trône de la Juſtice, n'eſt jamais séduit par l'impoſture, & que quand il voit par lui-même, il voit toujours le vrai : je ferois voir enfin que tous les hommes qui jouiſſent d'une raiſon plus ſaine que la foule & la multitude, ne ſont point la dupe du mauvais Orviétan qu'un Charlatan de nouvelle fabrique * débite avec plus d'aſſurance que de ſuccès ; mais mon cher ami, ſi je faiſois voir tout cela, l'on ne me verroit bientôt plus, & je m'enrhumerois inutilement à crier *Tolle*; j'aime mieux porter la Croix avec les autres. Adieu. Je ſuis ſans réſerve.

V. S. & V. Ami,

LETTRE III.

COmment donc malgré tout les dangers que vous devez appercevoir auſſi bien que moi-même, vous exigez encore que je continuë une matière auſſi délicate ; les ordres de l'amitié ſont une contrainte bien douce, & je ſuis les vôtres avec d'autant plus de plaiſir qu'ils quadrent aux idées qui m'occupent.

* Le Pere Rocq Dominicain, & le Pere Pepé Jeſuite, deux Opérateurs miſtiques qui prêchoient ſur les Places publiques de Naples contre les Franc-maçons.

Reve-

Revenons donc, si je me le rappelle juste, il s'agissoit dans ma précedente d'établir la nullité de la Bulle : en vérité je ne prononce ce terme qu'en tremblant : mais à la fin je veux me guérir de cette sottise ; un Plaideur ne manque pas de respect à son Juge pour produire ses raisons. Voici les miennes.

Je ne m'imagine pas qu'il puisse y avoir des hommes si dépourvûs de jugement, ou du moins assez opiniâtres dans leur façon de penser, pour contester des propositions soutenuës par la force du droit écrit ; il faut presqu'ici reprendre le stile de l'Ecole, & former un argument en règle. La Majeure du mien ne peut être niée, *Excommunicatio non infertur nisi pro Peccato Mortali* ; or si je démontre que dans le cas dont il s'agit, *non est Peccatum Mortale*, je conclurai d'une façon triomphante : *Ergo excommunicans cadit in errorem facti, qui trahit necessario errorem Juris, ergo Excommunicatio nulla est.*

Le nom d'une Societé, d'une Congrégation, d'une Famille, d'un Particulier n'a jamais fait un crime ; le titre de Franc-maçons, que l'Idiome Italien traduit par ce mot *Liberi Muratori*, est une

une dénomination généralement adaptée à tous ceux qu'un engagement volontaire a ſoumis aux ſimples uſages, & aux ſages conſtitutions de cette Societé : le Souverain Pontiſe pouvoit s'épargner la précaution dont il uſe dans la Bulle par ces termes „ *Nonnullas Societates vulgo* „ *de Liberi Muratori ſeu Franc-maçons*, „ *aut alià quavis nomen clatura nuncupatas.* Par tout ils portent ce nom, & les Langues de tous les Pays, quoique différentes dans le prononcer, reviennent toutes néanmoins à la même conſonance. L'Italien s'exprime par *Liberi Muratori*, l'Anglois dit *Frie-Meſſons*, l'Allemand *Frey-Maürer*, le François *Franc-Maçons* ; Il étoit ſuperflu de chercher à inſinuer qu'au moins dans quelques endroits, les Franc-Maçons ſe donnent ſous un autre tître, n'ayant aucnne raiſon de ſe déguiſer. ils ſont convenus d'une expreſſion uniforme. Seroit-ce donc là la matiére de la Bulle ? l'on ſent bien que ce tître de franchiſe & de liberté choque un peu les Droits Apoſtoliques, mais c'eſt être bien vétilleux ; ſi d'ailleurs on ne leur peut reprocher aucune action, aucune entrepriſe qui y donne atteinte. Quoi donc les Interprêtes pretes de l'Evangile ont oublie cette belle Sentence, que c'eſt la lettre qui tuë, & que l'eſprit vivifie : c'eſt donc à l'eſprit de la choſe qu'il faut s'attacher. Qu'ont fait les Franc-Maçons qui puiſſe leur être imputé à crime ? les a t'on entendu prêcher une nouvelle doctrine, leur a-t'on vu renverſer des Autels, ſont-ils les Deſtructeurs du Culte ? gâtez par l'exemple contagieux d'un Janſenius, d'un Queſnel, d'un Eſcobar, d'un Molina, d'un Scot, d'un Tranſubſtantialiſte, les a-t'on vu fonder des Ecoles, faire des innovations, en impoſer par de faux Miracles, tromper par des Propheties, s'intriguer dans les affaires du Ciel, vouloir diſtinguer ſur la grace, deſeſperer le Pécheur par trop de ſévérité, & l'éloigner de la fréquentation des Miſtères, ſous le prétexte de la pureté qu'ils exigent, conduire les autres dans l'abîme par une Morale trop relachée, & les familiariſer avec le Sacrilége ? Quelles ſont donc les propoſitions erronés, pour la condamnation deſquelles il ait fallu aſſembler un Concile ? de quel Schiſme ſont-ils les Auteurs ? ſemblables à Calvin ou aux Sectateurs de Luther, ont-ils jamais diſputé té de la vertu des Indulgences ? ont-ils crié contre la découverte du Purgatoire ? ont-ils montré des doutes ſur la valeur des privilèges accordés à certaines Egliſes, à certains Autels, à certaines Confréries, à certaines pratiques ? ont-ils jamais manqué de reſpect au Scapulaire du Mont-Carmel, au Cordon de Saint François, à la Solemnité du Roſaire, à celle de la Portioncule, & à tant d'autres diminutifs de dévotion qu'ils revérent & qu'ils profeſſent ? Mais allons plus loin. Quant à la vie civile, les a-t'on vu manquer aux loix de l'honneur, aux devoirs de leur état, à la fidélité qu'ils doivent à leurs Princes ? ont-ils donc dérangé cette heureuſe harmonie qui doit lier les accords de toute la Société en genéral ? quels Rois ont-ils détrônés ? quel Etat ont-ils troublé ? quel tort ont-ils fait au Public ? a-t'on vu tel ou tel autre pour avoir été Franc-Maçon, ravir les biens de ſes Freres, commettre l'Adultère ou l'Inceſte ? a-t'on vu le Juge recevoir d'une main pour vendre la juſtice de l'autre ? a-t'on vu le Soldat abandonner ſa Patrie, pour ſuivre l'étendard de l'Ennemi ? a-t'on vu le Prêtre, l'Oint du Seigneur degrader

 ſon

son caractère, abuser de ses pouvoirs, se soustraire à l'obéissance dûë à ses Superieurs ? l'a-t'on vu changer les vetemens de la modestie, pour prendre les livrées du monde ? a-t'on vu . . . . . mais je ne finirois plus, & le Vicaire même de J. C. est au moment de m'interrompre : je crois l'entendre ; *Jam quidem delictum omninò est in vobis* me dit-il. *Quod judicia habetis inter vos.* mais ne puis-je pas lui répondre *Sed vos injuriam facitis & fraudatis & hoc cum fratribus.* Oui *Injuriam facitis*, puisque vous peignez les Maçons sous la couleur de la Trahison, de la Perfidie, de l'Atheïsme, de la Débauche, non que précisement vous employez ces expressions : vous êtes trop sage ou trop fin pour ne pas sentir qu'elles révolteroient, mais ces termes : „ *Verum cum ea sit sceleris* „ *natura ut se ipsum prodat.* Mais ces „ autres : *Iisdem aggregationibus nomen* „ *dare apud prudentes & probos idem omni*„ *no est ac pravitatis & perversionis notam incurrere* équivalent bien à l'énumeration de toutes les horreurs que j'ai crées d'une façon plus claire & moins couverte : *Injuriam facitis* : vous nous enlevez l'estime, vous nous dérobez l'honl'honneur, vous nous ôtez la confiance; *Et fraudatis*, & vous trompez & vous trompez. Vous trompez parce que vous supposez des Faits que les actions journalières des Maçons démentent, parce que vous leur prêtez des sentimens auxquels leur conduite est diamétralement opposée. Vous trompez parce qne vous donnez pour certain que nous sommes nuisibles non-seulement au bien de la République temporelle, mais encore aux avantages spirituels de l'ame. „ *Nedum temporalis Reipublicæ tranquilli-* „ *tati, verum etiam Spirituali animarum* „ *saluti damna inferunt.* Vous trompez parce que vous assurez que nous méprisons & la Jurisprudence Civile & l'autorité des Canons. „ *Atque idcirco* „ *tum Civilibus tum Canonicis minimè* „ *cohærere Sanctionibus.* Ce sont vos propres paroles. vous trompez enfin *Fraudatis*, parce que vous ajoutez que vous tenez vos connoissances, sur ces Faits calomniateurs, de la bouche de ceux qui vraiment pénitens d'avoir pu donner dans de pareilles erreurs les auroient hautement abandonnées & détestées „ *à vere pœnitentibus atque dolen-* „ *tibus accepimus à damnatis talibus*

 con-

„ *conventiculis se omnino esse recessu-*
„ *ros. Fraudatis*, *Fraudatis*, vous dis-je, jamais nous n'avons eu du regret ; l'innocence dont le Flambeau éclaire toutes nos démarches, ne nous laisse dans le cœur aucuns remords ni aucune amertume, & point de Maçons n'ont pu vous donner une pareille parole *Fraudatis* vous trompez, car vous agissez au contraire de vos propres connoissances ; qu'il vous souvienne St. Pere du propos qui fut tenu il y a quelque tems dans un Cercle de 5 à 6 Cardinaux & presque autant de Prélats qui avoient l'avantage de composer votre cour, passez-moi ce Fait historique en faveur de la verité. La conversation tomba sur la Maçonnerie, chacun en parloit suivant sa prévention particulière, chacun indiquoit des moyens propres à pouvoir pénetrer ce secret si important. Votre Sainteté imagina de faire recevoir dans cet Ordre quelque Ecclesiastique de bon sens, qui pût après cela développer ce qui en étoit. cet Espion spirituel se rendit à Florence, il y prit les trois premiers Grades de la Maçonnerie, de retour à Rome il trahit ses Freres & son honneur, par l'aveu de tout ce qui s'é-

toit

toit passé, vous vîtes notre innocence, & la calomnie de nos ennemis. Ce Fait m'a été raconté par un Monseigneur respectable, qui fut témoin de l'évenement ; les mêmes personnes si fort animées quelques instans auparavant, oférent vous demander quel seroit votre conduite étant instruit du vrai de la chose, vous repondîtes positivement *Non e** *niente di malo, e vero* tels sont vos termes, *ma tutti Gridano al Lupo bisogna gridare anche noi* ; Que peut-on penser d'un Pontife qui prend ainsi la bienseance pour la justice ; qui sacrifie l'amour de la verité, à la crainte de diminuer son crédit & sa puissance. Je vois le Fils de Dieu assis sur la Chaire de Moïse, malgré les dangers & les persécutions auxquelles sa Mission l'exposoit, annoncer & prêcher hautement la divine parole, je le vois fidèle à la verité dans l'instant même le plus critique, interrogé par ses Juges, s'il est le Messie, je l'entens répondre hardiment *Tu dixisti*, oui je le suis ; il fait plus, il en donne la confirmation en annonçant son

* Je conviens qu'il n'y a pas de mal, mais tous crient au Loup, il faut que nous crions aussi.

avénement final *Tunc videbunt* &c. quel contraste entre le Chef & le Vicaire, ce dernier cesse d'être l'Interprête de la vérité, lorsqu'il prévoit que son autorité que sa puissance peut en souffrir. Il devient injuste & tyran, il oublie ce qu'il doit à tout l'univers, il le trompe. *Fraudatis.* Mais qui ? mais avec qui ? *Et hoc cum Fratribus.* Ce sont vos Freres que vous trompez. Sûr que vous êtes que vos Decrets seront reçus comme autant d'Oracles. L'abus est d'autant plus manifeste que vous êtes plus certain de faire une plus vive impression. Vous usez du sacré crédit que l'auguste caractère dont vous êtes revêtu vous promet, pour captiver la crédulité des Simples, ou plûtôt, des gens qui purs dans leur conscience, & n'ayant pour guide que le précepte de l'obéïssance, qui vous est dûe, suivent en aveugles, & sans examen les notions que vous leur donnez. Vous les trompez, je le répete ; ce sont vos Freres *Et hoc cum Fratribus.*

Car si vous êtes le Chef de l'Eglise, si la Thiare vous rend peut-être encore le Chef du monde, souvenez-vous que ce Monde, que cette Eglise ne sont qu'un seul & même corps. *Nunc autem*

multæ

multa quidem membra, dit St. Paul, *unum autem corpus*.

Or si le Créateur de l'Univers est le Pere de toute verité, si l'esprit Saint est l'oracle de cette verité, si le Fils incarné pour le Salut des hommes est venu sur la terre pour annoncer la verité, si en rémontant au sein de la Gloire, il a laissé un Successeur, un Vicaire Interprete de la verité : comment ce dernier peut-il s'en écarter, sans renoncer à la qualité d'Enfant de la premiere de ces trois Personnes, de Ministre de la seconde, & d'Organe de la troisiéme. Il y auroit de l'inconséquence, je dis plus, il y auroit de l'impudence de le penser. Non le Pontife ne nous trompe point, ou du moins n'a pas voulu nous tromper, mais comme il agite une question, qui ne touche ni à la loi, ni au précepte, ni à la doctrine, ni à la discipline, ni à la morale, ni au culte : ce n'étoit pas le cas de l'inspiration, l'Esprit Saint n'a point parlé ; mais l'Esprit Prophane, mais l'Esprit curieux, mais l'Esprit jaloux de tous ceux qui environnent le Chef. Sans cela je gémirois de faloir répeter encore *Fraudatis & hoc cum Fratribus*. Car ils le sont aussi ces hommes

 d'un

aujourd'hui rebus honteux de la colère d'un Tribunal, j'oſerai dire au moins mal informé, ils le ſont de celui qui y préſide, peut-être pourrois-je dire à plus d'un titre. Ils ſont auſſi les Membres de ce corps, & pour parler toujours avec l'Apôtre des Gentils ,, *Quæ viden-*
,, *tur membra corporis infirmiora eſſe neceſſa-*
,, *riora ſunt ; diviſiones quidem miniſtratio-*
,, *num ſunt idem autem Dominus idem Deus.*

Mais que ſervira cette trop longue diſſertation. Jadis Valerius un ſimple Tribun fit avec bien de la peine révoquer un Arrêt injuſte. Combien ne travailla-t'il pas pour faire annuller la Loi Appia, encore Caton ne voulut-il pas lui donner les mains, & mourut dans ſon obſtiuation. J'ai moins de talens que le Tribun, & malheureuſement plus de Catons à combattre: les Maçons auront beau ſe montrer au grand jour, envain ſe feront-ils lavés des taches dont on veut les noircir ; envain auront-ils démontré qu'ils ne ſont pas dans le cas de de la Sentence prononcée contre eux. Envain auront-ils prouvé que *Non valet Excommunicatio niſi adſit peccatum mortale*, & qu'être Franc-Maçon n'en peut pas être un à le prendre dans tous les

ſens ;

ſens ; ce le ſera déjà d'avoir oſé le ſou. tenir, mais leurs Accuſateurs oublient donc le *Sic autem peccantes in Fratres*, ils oublient que *Percutientes conſcientiam eorum infirmam in Chriſtum peccant*. Qu'importe après tout. *Perſecutionem patimur ſed non derelinquimur, dejicimur, ſed non perimus*; on nous pourſuit, on nous chaſſe, on nous perſécute, mais la verité trouve toujours un aſyle, ſon ſanctuaire eſt dans nos cœurs, elle éclatera pour notre triomphe. Adieu.

LETTRE IV.

APrès avoir détruit le principe & la baſe ſur leſquels ſeuls l'Excommunication auroit pu être validement fondée, après avoir montré que la condition efficiente, de laquelle pouvoit partir toute la force de la Sentence, n'exiſte que dans une ſuppoſition démentie par les faits, en un mot après avoir évidemment prouvé *Quod non ſit peccatum mortale*, que la qualité de Maçons n'emporte point un peché de cette eſpèce griefve qui ſoit ſujette à la Sentence & à la cenſure ; n'aurois-je pas droit de conclure, *si claudicat principium, claudicat & consequentia*, & n'en seroit-ce pas deja assez pour assurer que l'Excommunication est nulle, *Ex eo quod ubi non est causa ibi deficit effectus*. Mais si la surabondance de droit ne sçauroit nuire à la juste défense d'une prétention, la surabondance des raisonnemens & des preuves doit aider aussi à une plus forte conviction ; tirons-la donc cette conviction, & toujours en argumentant sur la Loi, montrons que non-seulement *Cecidit excommunicans in errorem facti, juxta jam probata, verum & in errorem juris, quod probandum super est.*

Que dit la Décrétale *Sententia Excommunicationis tribus modis potest esse injusta ex causa, ex animo, & ex ordine. Ex causa*, il conteste qu'elle peche de ce côté ; *Sic etiam stipulatio dicitur injusta ex causa* ; car c'est précisement comme si le Pontife avoit dit *Excommunico te quia Eleemosinam fecisti, Deum coluisti, vel aliud bonum fecisti*. Or dire *Excommunico te quia Deum colis* N'est-ce pas une erreur intollerable ? *Et quum sententia injusta est ex causa, Excommunicatus non est apud Deum ligatus*. Cette espèce semble précisement faite pour notre cause,

Excom.

Excommunico te quia Deum colis, il valoit tout autant que le Pape se fut exprimé de cette façon, pourquoi, parceque tous les dehors tous les actes extérieurs que les Franc-Maçons ont fait voir, démontrent invinciblement *Quod Deum colunt Eleemosinam faciunt, vel aliud bonum agunt*, mais allons plus avant. Si pour sauver la nullité que je trouve établie par l'espèce citée, le Souverain Pontife se retranche à dire, que jamais il n'a eu intention d'excommunier quant à cet objet, qu'il est comme de fait ou trop prudent pour avoir commis une bévue de cette espèce. Qu'en arrivera-t'il ? Virgile l'a prévu *Incidit in Syllam qui vult vitare charibdym.* La nullité ne m'échapera pas, puisqu'alors il sera donc constant qu'il n'aura point eu de vrais motifs, ce sera donc une Sentence hazardée. *Causa non est cognita, ergo nulla Excommunicatio.*

Lorsqu'on a vu l'Eglise s'assembler à Nicée, Constantinople, Trente, & dans tant d'autres endroits devenus remarquables par de semblables époques, lorsqu'on l'a vu détruire l'Arianisme, poursuivre Calvin & Luther, condamner Pelage, foudroyer les Manichéens &c, l'erreur l'erreur des uns & des autres avoit éclaté au grand jour, leur crime étoit connu, le ſcandale étoit averé, & les malheureux effets qu'ils avoient produit n'étoient que trop conſtant. Si Grégoire VII fulmina l'Empereur, ſi le grand Archevêque de Milan excommunia Theodoſe, c'eſt que la faute des deux Monarques étoit publique, c'eſt que le délit étoit connu, c'eſt qu'il falloit que la réparation fut auſſi authentique que l'offenſe. Auſſi vit-on jamais; vit-on entreprendre par des Diſciples de l'Evangile la défenſe de l'Héreſie écraſée, ou celle de l'orgüeil humilié dans la perſonne des deux premiers Princes de la terre; il y auroit eu de l'inéptie, le Concile fut reſpecté, les Excommunications furent reçuës. *Quia cauſa cognita erat*, parce que l'objet ſur lequel la Sentence infligeoit la peine étoit géneralement connu. Quelle différence, & ſi les Maçons aujourd'hui s'élevent en repréſentations reſpectueuſes contre la Bulle qui les touche, les aflige, les opprime, c'eſt qu'ils ont l'avantage de pouvoir aſſurer *Quod cauſa non ſit cognita*: c'eſt un fait duquel le Pontife lui-même apporte la preuve dans les paroles de la Bulle du

Pape

Pape Clement XII. qu'il cite „ Gravi „ cum pœnarum exageratione inviolabili ſilentio obtegere adſtringunt. Il eſt donc perſuadé lui-même qu'un ſilence rigoureux qu'un ſecret inviolable eſt la premiére Loi des Franc-Maçons, qu'ils le promettent, ou *cum gravi pœnarum exageratione*, ou ſans cela, n'importe pour le moment préſent : l'on y répondra dans ſon lieu ; au moins a-t'il déjà avoué qu'ils ſont ſecrets & diſſimulés, il s'enſuit donc qu'il n'a pu rien connoître de ce qui ſe paſſe entr'eux, que tout ce qu'il en penſe eſt purement conjectural : envain veut-il éluder cette réponſe en inſinuant qu'étant trop ſecrets, par-là même ils ſont coupables ; il ne ſera pas difficile de réfuter une pareille ſubtilité.

Les apparences ont donc décidé la Sentence, mais depuis quand un Juge eſt-il ſuſceptible de ces impreſſions étrangères, qui ne ſortent pas, comme le veut le Légiſlateur *Ex viſceribus cauſæ*, depuis quand n'examine-t'on plus, ſi un homme accuſé de meurtre a réellement commis l'aſſaſſinat ? Lucius Opimius paroît devant le Peuple, Decius Mutius Tribun accuſe ce Conſul d'une multitude d'exactions, de crimes, de perfidies, qu'il devoit selon lui avoir exercez ; le Peuple, cette foule si peu raisonnable, si turbulente, & si passionnée, condamne-t'il Opimius ? le Consul est-il envoyé au Supplice ? est-il dépouillé de sa Dignité sur le simple dire de son ennemi ? non Papirius Carbon se charge de sa défense, la cause est serieusement discutée, le Senat écoute, le Peuple est attentif ; quel en sera l'effet ? l'homme le plus coupable en apparence, le plus injuste, le plus traitre est renvoyé absous, l'Accusateur est confondu : il faut un sérieux examen ; il faut donc une certitude plus que morale, il faut donc avoir les faits en main, pour noter d'infamie, pour condamner à la mort spirituelle des hommes qui n'ont contre eux que l'animosité du Tribun du Peuple. Et lorsqu'on n'a contre ses Freres que le soupçon du mal, l'on doit se souvenir que la véritable régle est de penser toujours du meilleur côté, d'expliquer le doute dans le sens le plus favorable. *Charitas enim benigna est, non inflatur, non irritatur, non cogitat malum.* Il ne suffit pas de l'autorité. *Omnia mihi licent.* Ainsi parloient les Tyrans, & je pourrois lui répondre, *Sed non omnia expediunt.*

diunt. Omnia tibi licent, je le ſçais, & je ne le ſçais que trop, *Sed ego ſub nullius redigar poteſtate*, ai-je tort? je m'en rapporte à votre réponſe.

LETTRE V.

JE ſuis bien content que vous ſoyez de mon avis, Mon R. Pere, mais vous avez eu bien de la patience de lire de ſuite tous mes raiſonnemens ſur l'article de la nullité ; j'ai honte de vous en avoir entretenu ſi long-tems : il eſt de ces choſes que l'on conçoit trop bien à la premiére vuë, pour avoir beſoin d'un ſi long commentaire, je n'en parlerai donc plus, & par-là même je vous épargne deux ou trois-cens réflexions, qui ſortent naturellement contre la Bulle, *Ex eo quod ceciderit Excommunicans in errorem, non ſolum ex cauſa ſed ex animo & ordine*, car en deux mots, *Quis fuit animus Excommunicantis*? Quelle a été l'intention du Saint Pere? il nous l'apprend par ces paroles „ Nos itaque animo revolventes &c. Il nous apprend que pour s'acquitter de ſa qualité de Paſteur

Pasteur & de Chef de la Famille du Seigneur, il doit veiller jour & nuit, & que l'emploi d'un Serviteur fidèle, exigeant une attention sans relâche, il doit prévenir les tristes effets de ces Sociétez dangereuses composées d'une nouvelle espèce de Larrons rodans autour du Temple, ponr en déchirer les Lambris : de ces Renards qui déracinent la Vigne du Seigneur : „ *Vigilandum ne* „ *hujusmodi hominum genus veluti fures domum perfodiant, atque instar* „ *Vulpium Vineam demoliri nitantur*; il craint donc ainsi qu'il ajoute „ *Ne* „ *Simplicium* pervertant corda, qu'ils ne détruisent la pureté dans le cœur, „ *atque innoxios sagittent in occultis*, & que par des voyes sourdes, des Brigues & des Cabales, ils n'opprimen l'innocence. Le projet est admirable, il est bien conçu sans doute, il doit garder les Brebis de son Troupeau. sans doute il doit en écarter les Loups ravissans, sans doute il doit conserver les tendres rejettons de la Vigne de J. C. & poursuivre les Renards qui veulent en dérober le fruit, sans doute il doit maintenir la pureté, protéger l'innocence, découvrir la Brigue, & ruiner la Cabale;

le; mais cette Sainte intention cet *Animus* qui le porte à prononcer l'Anathème avec plus de zèle que de fondement, ſur quel ſujet va-t'il s'exercer. Les Franc-Maçons ont-ils jamais cauſé de ravages dans le Sacré Bercail, quelle plante de vie ont-ils déraciné, quelles fineſſes, quelles ruſes ont-ils tiſſuës, quels troubles ont-ils excités, où ſont leur conſpirations! *Excommunicans igitur peccat animo, peccat & in ordine quià inauditâ parte condemnavit.* En jugeant un Maçon d'un ton auſſi déciſif, n'eſt-ce pas pécher contre la Loi qui exige, *Quod fiant tres admonitiones aut ſaltèm una antè Excommunicationem, ſitque intervallum ſaltèm aliquot dierum.* Où eſt cette admonition, où eſt cet avertiſſement? les Franc-Maçons ont-ils dû prévoir leur Arrêt? Quoi donc, parce que jadis un Pape aura dit Anathème, devra-t'on s'attendre que le Succeſſeur par cette ſeule raiſon qu'il lui ſuccéde, ſuivra en tous points ſes traces & ſes idées: ont-ils dû penſer que parce qu'il a plu au Pape Zacharie, d'excommunier tous ceux qui parleroient des Antipodes, ou qui ſoutiendroient qu'ils exiſtent. *Si quis dixerit dari Antipodas Anathèma ſit.*

 Ont-

Ont-ils pu s'imaginer que parce que Clement XII. aura dit, *Si quis murator fuit Anathêma sit*, qu'il faudroit auffi que Benoit XIV. cria contre les Antipodes & contre les Maçons ? & fi Americ Vefpuce a pû malgré l'Excommunication, par un long cours de recherches & de voyages, découvrir ces pays profcrits d'Anathéme, fans en encourir pour cela ni la malédiction, ni la peine : pourquoi les Franc-Maçons, par une longue fucceffion d'années, par leurs vertus, par leur morale, n'ont-ils pas pu continuer à vivre dans le fein d'une innocente union, fans s'expofer aux cenfures, ni à la Sentence. *Si quis Antipodas dixerit Anathêma fit* ; quelle ridiculité ! pourquoi ? parce que les Habitans Antipodes font des hommes comme les autres, parce que leur nom, parce que leur pofition extraordinaire, par raport à nous, n'eft ni un crime ni un défordre dans la Societé. *Si quis murator fit, aut muratores dicat, Anathêma fit.* Quelle inconféquence ! pourquoi ? parce qu'ils font des hommes comme les autres, & que leurs noms, & que leurs pratiques ne font ni un crime ni un défordre dans la Societé. La valeur de la

Bulle

Bulle contre les Antipodes, eſt donc le juſte tarif auquel on doit apprécier la Bulle contre les Franc-Maçons. la comparaiſon eſt juſte, la Bulle contre les Antipodes étoit illuſoire. Puis-je donner dans un pareil travers, c'eſt un ſoufflet au Saint Pere, & puiſque S. Auguſtin en avoit imaginé le ſiſtème, l'on en doit parler avec plus de reſpect; j'y conſens encore, & j'en ſerai bien plus avancé. Quant à celle dont il eſt queſtion aujourd'hui, elle n'eſt appuyée, ni ſur les écrits anciens, ni ſur l'autorité des Docteurs de l'Egliſe, elle eſt le fruit, elle eſt la production d'un Apôtre moderne, * dont on connoit les Harangues, les Prédications, la Doctrine; ſe peut-il que le même Saint qu'on invoque contre la Peſte, puiſſe être le Protecteur, le Patron, le Maître d'un Diſciple qui en ſouffle le dangereux Poiſon, *in orbe & in urbe*. Pardon, S. Pere, Pardon, ſi ma plume pour un moment a trempé dans le fiel. Dorénavant je réparerai tout, puiſque le

* Le Pere Roc Dominicain à Naples. Les Papiſtes invoquent Saint Roc contre la Peſte.

le tort perſonnel des Miniſtres de la divine parole n'en fait point à celle qu'ils annoncent. Ne dois-je pas d'ailleurs reconnoître le Doigt de Dieu, *Digitus Dei.* Oui ſans doute, c'eſt le Doigt de Dieu même qui indique au Pontife les raiſons puiſſantes, les motifs preſſans qui fondent la Sentence qui vient d'être prononcée. Comment ſans un guide auſſi ſûr, l'homme tout éclairé qu'il ſoit, auroit-il pu demêler les ſix points ſur leſquels la Bulle inſiſte. Vous vous les rappellez ſans doute Mon R. P. *Una eſt quod in hujuſmodi Societatibus &c.* Toute Religion eſt admiſe parmi les Maçons, d'oú il conſte combien ils ſont nuiſibles à la Foi Catholique. *Altera eſt arctum & impervium ſecreti fædus* ; ils enſeveliſſent dans un profond ſecret leurs Miſtères & leurs travaux ; donc ils cherchent à dérober à la connoiſſance du Public leur honteuſe & criminelle pratique. *Tertia eſt jusjurandum.* Ils s'obligent à ce ſecret par un ſerment inviolable : donc ils veulent ſe ſouſtraire à l'obéïſſance duë à ceux qui les peuvent forcer à un aveu. *Quarta eſt qnod non minus Civilibus quam Canonicis*, & par conſéquent il eſt de la politique de les

détruire

détruire. *Quintà est quod in plurimis Regionibus.* Aussi ont-ils été chassez de plusieurs Royaumes *Ultima Demùm.* La derniere raison enfin, c'est la mauvaise opinion que tous les gens sages en ont pris. faudra-t'il donç encore répondre *Capitatim*, à tous ces chefs d'accusation? pour le faire, j'attendrai vos ordres.

LETTRE VI.

EST-il possible que je verrai toujours les hommes en contradiction avec eux-mêmes, est-il possible que je les verrai condamner aujourd'hui ce qu'ils ont approuvé hier ; oui. Quant aux hommes ordinaires, c'est le propre d'une nature fragile, c'est l'effet des ténebres dans lesquelles leur raison est encore enveloppée ; mais que des hommes plus éclairés, mais que les Oints du Seigneur inspirés par la sagesse ; mais que le Pontife, qui mieux qu'aucun autre a vu la lumiére, * puisse tomber dans ce cas ; c'est ce que j'ai peine à com-

* Allusion à sa qualité de Franc-Maçon.

prendre. Tel eſt cependant le premier aſpect que me préſentent les paroles de la Bulle ; „ *Una eſt quod in ejuſmodi Socie-„ talibus & conventiculis cujuſcumque Re-„ ligionis homines invicèm conſociantur, „ quâ ex re ſatis patet quam magna perni-„ cies Catholicæ Religionis puritati inferri „ poſſit.* C'eſt le premier grief du St. Siége contre les Franc-Maçons ; dans cette Societé l'on admet indiſtinctement gens de toutes ſortes de Religions. Combien la pureté de la Foi Catholique ne doit-elle pas ſouffrir d'un pareil aſſemblage ? combien de fois je me trouve obligé de répeter ce texte, mais enfin il revient à chaque pas, & je ne puis m'épargner le déſagrément de le rappeller. Si j'y réponds, je vais démontrer invinciblement que Benoit XIV, eſt précifement cet homme éclairé dont la contradiction m'étonne. Et premiérement qu'il me ſoit permis de vous demander, Saint Pere, ſur quel témoignage, ſur le rapport de qui êtes vous comme vous le paroiſſez ſi convaincu que les Maçons reçoivent parmi eux indiſtinctement toute ſorte de Religion ; je pourrois prendre le parti de la négative, mais il n'eſt permis qu'aux Théologiens de donner

ner un *Nego* tout net ; je ne le suis, ni ait envie de l'être : quelque peu de Phisique & de bon sens, cela m'apprend à distinguer. Vous sçaurez donc que les Franc-Maçons ne reçoivent absolument que ceux qui sont tous réünis dans un point uniforme de croyance ; sçavoir ceux qui portants le nom de Chrétien, rendent au Créateur de l'Univers le culte qui lui est dû : déjà plus de soupçon d'Atheïsme, ainsi que vous l'insinuez dans le préambule de l'Excommunication ; tous les Maçons ont donc le même Dieu, je puis ajouter qu'ils ont tous le même culte, les mêmes rits, les mêmes offrandes, puisque leur cœur est l'Autel sur lequel ils sacrifient, & que leurs passions sont les Victimes : quant au surplus des articles qui constituent le détail de la Foi, ils ne s'informent pas si Titius croit aux Images, ni si Marius se confesse. Pourquoi ? parce que Titius peut être un fort honnête homme sans prier les Saints, & que Marius pour sentir l'énormité du crime, n'a pas besoin de le raconter ; au lieu que Simpronius, si il existoit capable de nier l'existence de l'Etre Suprême, de lui réfuser l'encens & la reconnoissance qui lui

lui eſt dûë, feroit un miſerable, un mal honnête homme, caractère totalement oppoſé à celui qui ſeul peut donner l'entrée dans l'Ordre des Maçons. Loin d'examiner ſi celui-ci eſt Diſciple de Cephas, ſi cet autre eſt Sectateur d'Apollo : le premier point de l'obligation eſt de ne jamais entamer aucune matière qui roule ſur la croyance particulière d'un chacun. Quel eſt le but de cette conſtitution ? il eſt la ſuite néceſſaire du but primordial de la Maçonnerie, & c'eſt ici le cas d'en donner la véritable idée. Le nombre infini des Habitans de la Terre, produiſant preſqu'un nombre égal de caractères différens, quelle difficulté de former parmi cette foule, des liaiſons intimes, des confiances particulières ; ces précieuſes douceurs ſont réſervées à peu de perſonnes, & pour les gouter véritablement, il faut être Maçons. L'union, la cordialité, la concorde ſont donc l'objet de la Franc-Maçonnerie ; mais pourquoi ce titre ſingulier ? en voici l'explication. Elever un Edifice, n'eſt-ce pas l'attribut de cette eſpèce d'Artiſans connus ſous le nom de *Muratori*. Or nous en élevons un moral, nous

nous batissons un Temple à l'amitié ; c'est donc une allégorie, & le titre de Maçon exprime notre ouvrage : il est de plus l'emblême de la simplicité de notre état, & les instrumens que nous portons pour dévise sont le simbole de l'Architecte, qui travaille à la construction spirituelle du Sanctuaire de la vertu & de la paix, pour être parfaitement unis. Voilà donc notre projet, mais pour y réüssir, ne devons-nous pas éviter tout ce qui peut altérer cette union ? mais les disputes, mais les querelles, mais les opinions particulières entamées avec vivacité, & presque toujours soutenuës avec trop d'aigreur, ne blessent-elles pas cette concorde, ne dérangent-elles pas cette harmonie : ainsi donc point de colloques sur des matières de Religion, point d'entretien sur des matières de politique, rien en un mot qui pouvant choquer le sistème de quelqu'un nuise à la tranquillité de tous. Un pareil plan réduit dans l'exécution la plus exacte, mérite-t'il l'animadversion & la réforme ? n'est-il donc pas permis à un Catholique Romain d'estimer un honnête-homme, parce qu'il ne pense pas comme lui ? est-il défendu à l'Evêque de

 Joppé,

Joppé, je ſuppoſe, d'être ami du Miniſtre Jurieu, & parce que ce dernier eſt le Prêtre de la fauſſe Loi, eſt-il défendu au Miniſtre de la verité d'avoir aucun commerce avec lui : controverſe à part, qui ſont les hommes ? les fruits d'une même plante, les rameaux d'une même tige, les œuvres d'un même ouvrier, & lorſque Saint Jean écrit *Hæc eſt annuntiatio, quam audiſtis ab initio ut diligatis alterutrum.* Il ne diſtingue aucun cas qui puiſſe diſpenſer de cet amour réciproque, car ajoute-t'il dans un autre endroit. *Omnis qui odit Fratrem ſuum homicida eſt.* Et n'eſt-ce pas lui marquer bien de la haine, que de lui réfuſer commerce, que de lui ravir cette conſolation, qui conſiſte dans le plaiſir de ſe voir, de s'unir, & de vivre enſemble ; rien donc d'extraordinaire à cette alliance contractée avec des Chrétiens, qui d'accord ſur les principes, ne ſont diviſez que par la forme. Reſte à voir ſi cette opinion peut ſe concilier avec l'interêt de la Religion Romaine. J'ai déja ſur cet article le Texte Sacré ; & l'Apôtre des Gentils, dont les termes ſont précis, fait ma ſureté & ma règle. Mais pour lever tout ſcrupule, & prévenir

venir toutes eſpèces d'objections, comme l'on ne manqueroit pas de ſe rejetter ſur les uſages de la primitive Egliſe, abolis depuis le tems, ou du moins changés dans bien des points : j'ai de plus une autorité moderne, qui confirme le Texte ancien : ainſi au cas particulier point de doute *Quod non reſultet pernicies Catholicæ Religionis puritati ex motivo à Pontifice allegato.*

Si le Mariage entre les perſonnes de croyance oppoſée a pu ſe tolerer, s'il a été ratifié. Comment un commerce ſimple, une fréquentation indifférente pourra-t'elle être déſapprouvée ou défenduë ? ſuivons l'argument, & pour un moment encore liſons dans St. Paul, *Si quis Frater habet uxorem infidelem & hæc conſentit habitare cum illo non dimittat illam, idem eſt quoad virum.* Il eſt donc déjà conſtant qu'un Infidèle qu'un Héretique peut vivre dans les liens du Mariage avec un Catholique, un Baptiſé. Quelle eſt la raiſon de cette Indulgence? c'eſt encore Saint Paul qui parle : *Sanctificatus eſt enim vir infidelis per mulierem fidelem, & ſanctificata eſt mulier infidelis per virum fidelem ; alio quin filii veſtri immundi eſſent nunc autem mundi ſunt.* Prenons

nons les deux parties du verſet ſéparement. *Sanctificatus eſt &c. & filii veſtri mundi ſunt.* L'Epoux ſanctifie ſa Compagne, il l'exhorte par ſes diſcours, il l'édifie par ſon exemple, il la convaint par ſes raiſons, la tendreſſe qui les unit eſt preſque toujours la mere de la confiance, & cette derniére produit infailliblement la perſuaſion *Sanctificata*, quel en eſt l'effet, *Et filii mundi ſunt*, & les enfans dont ils ſont les Peres, naiſſent dans le ſein du Seigneur, *Et filii mundi ſunt.* Mais que fait cet exemple pour ce qui concerne les Maçons ? il produit une comparaiſon bien forte & bien triomphante. Le lien qui les unit n'a pas moins de force que le nœud ſacré du Mariage ; quant à la tendreſſe mutuelle, & à la confiance : en écartant toutes les Images obſcènes, que quelques eſprits pervers devroient rougir d'avoir imaginé ſur ce chapitre. Cette confiance eſt pure, elle eſt ſimple, & infailliblement elle produira la perſuaſion. Le Frere convaincra ſon Frere, il l'édifiera par ſa conduite, il l'entrainera par ſon exemple ; quel en ſera l'effet, ils feront le bien à frais communs, leurs actions ſeront conformes à la Loi, ils ſeront juſtes devant le Seigneur ; ils marcheront tous ensemble dans la voye du Seigneur *Et Filii mundi sunt.* Et ils produiront des nouveaux Enfants de l'Evangile, & des nouveaux sujets de l'Eglise : ainsi donc le Regne de Christ trouvera dans la Societé des Maçons, non des Detractateurs, mais des Apôtres. Donnons plus de force à cette allusion, qui jusqu'ici n'est encore fondée que sur les privilèges de la primitive Eglise, & voyons quelle est donc cette autorité moderne, qui selon ma proposition accroît & corrobore le Texte de St. Paul. Ouvrons le Bullaire, & voyons y *de matrimonio*, une Bulle qui permet le Sacrement de Mariage entre les Fidèles & l'Hérétique, sous la simple condition de faire élever les mâles dans la Religion du Pere, sacrifiant à ce qui me paroit assez injuste, les Enfans de l'autre partie à l'esprit de ténebres & d'erreur. Or supposons qu'un homme Catholique épouse une Femme Luthérienne, ils auront, en raisonnant, toujours dans l'hypothèse, douze Enfans, dont dix se trouveront être des Filles, & deux Garçons ; il sera donc vrai de dire que pour acheter deux ames à J. C. l'on les aura par

par la perte de dix autres, qui dans la Loi naturelle ne sont pas moins agréables aux yeux de Dieu. Si donc ainsi qu'il paroît par cette Bulle, l'Eglise passe si légerement sur cette considération touchante, & qu'elle autorise si formellement la copulation entre deux conjoints de différente croyance : à bien plus forte raison, ne doit-elle pas interdire une fréquentation, un commerce simple, & ordinaire parmi les Maçons, lorsqu'il peut produire les mêmes effets, sans être obligé de courir le même risque, sans qu'il faille perdre les uns pour sauver les autres.

Avois-je tort d'être surpris de la contradiction qui se trouve entre un Pape & un Pape, entre une Bulle & une Bulle, entre l'Eglise & l'Eglise; & faut-il d'autre réponse à la Sentence dont il s'agit. N'est-il pas évident que le principe sur lequel elle est appuyée *Perniciei Catholicæ Religionis puritati*? N'est-il pas évident que ce principe tombe, que sera-t'il de la conséquence. Le prestige se dissipe donc, enfin la Maçonnerie n'est plus une société dangereuse, source du schisme & de l'erreur. Mais pourquoi ce grand secret? à la premiére vous le sçaurez. Adieu.

LET-

LETTRE VII.

IL ne m'appartient que de penser humainement, les Théologiens décident divinement, c'est toute autre chose. La raison & la foi sont de nature contraire. humainement parlant ; il est donc question de sçavoir si toute matiére, sur laquelle on est secret, est une affaire criminelle, si cette grande franchise, cette exacte sincerité prêchée comme vertu, quoiqu'assez mal réduite en pratique, est tellement essentielle, que l'on ne puisse absolument se dispenser de réveler tout ce qu'on pense, tout ce qu'on fait, tout ce qu'on sçait, en un mot tout ce qu'on a dans le fond de l'ame. Le nombre de ceux qui pensent premiérement est extrémement petit : ce n'est ni Montagne, ni Locke, ni Bayle, ni Spinosa, ni Hobbes, ni Strambourg, ni Collins, ni Muskenbroek, ni Puffendorff, ni Grotius, qui ont porté le flambeau de la discorde dans leur patrie : ce sont la plûpart des Théologiens qui, comme dit un Auteur moderne, ayant eu d'abord l'ambition d'être chefs de secte, ont eu bientôt celle d'être chefs de parti; tant que l'homme ne s'attache qu'à la simple étude de la Philosophie, il a beau écrire ou penser avec liberté, il n'en arrive aucun désordre, & jamais tous les écrits modernes ne feront dans le monde autant de bruit, qu'en fit autrefois la seule dispute des Cordeliers, sur la forme de leurs Manches & de leurs Capuchons. Écartons donc pour jamais tout le raisonnement de l'École, je céderai sans doute toujours, & je sacrifierai toutes mes réflexions à la Religion, à la Foi; mais je ne puis pas non plus prendre des Syllogismes pour des Oracles, ni la superstition pour la Religion: dussé-je, comme Mr Locke, passer pour un impie dangereux: je sais du moins que j'aurai le suffrage des gens sensés, & que les Théologiens eux-mêmes ne me refuseront pas les leurs au fond du cœur; quel tort en effet peut faire mon sentiment particulier. Il ne combat ni la doctrine, ni le dogme, ni le culte. C'est comme quand j'assure que la lumière vient du Soleil, & que les Planètes tournent autour de cet Astre, je n'en suis [illegible] moins Chrétien

dans

dans la Bible, que la Lumiére a éte faite avant le Soleil, & que cet Astre s'est arrêté sur le Village de Gabaon. C'est comme lorsque je démontre que l'Arc-en-Ciel est formé nécessairement par la Pluye; je ne respecte pas moins le Texte Sacré qui dit que Dieu posa son Arc sur les Nuées après le Deluge, en signe qu'il n'y auroit plus d'inondation; si donc je puis, sans manquer de respect aux Livres Saints, ni à la confiance que je dois à l'Eglise, me livrer néanmoins à l'évidence des raisons physiques, qui souvent me montrent les choses sous une différente face: si je ne suis pas forcé de penser comme le reste des autres hommes, pourquoi le serai-je de mettre mon système au jour. Chacun se plait dans ses idées. Et ma satisfaction à moi est de penser tout seul. Or de tout ce verbiage, qu'en sortira-t'il en faveur de notre thèse particulière? le voici, c'est que dans ma qualité d'homme, & d'homme libre, je puis avoir mes sentimens, mes caprices, mes persuasions, mes idées, mes sciences, c'est que nulle Loi qui m'oblige à divulguer ce que je pense, & par une conséquence nécessaire, c'est que si les

Maçons ſont des hommes, la règle doit être égale en leur faveur. Voilà, comme je l'annonçois, raiſonner bien humainement ; mais ce n'eſt pas ainſi que l'on répond à des objections toutes divines, je veux dire aux pieuſes difficultés du St. Pere *Arctum & impervium ſecreti fœdus*, voilà le monſtre que nous avons à combattre, *Arctum*, qu'en ſçait le Pape, *Impervium*, qui lui a dit ? on auroit pu paſſer au Pontife Clement XII. de ſe tromper, & de raiſonner en aveugle ; le malheur qu'il avoit de l'être effectivement, avant d'être promu à la Papauté, pouvoit bien par cette analogie qui ſe trouve entre le cors & l'eſprit, avoir influé de l'un ſur l'autre, & toute l'adreſſe de Paſſeri ſon Domeſtique ne pouvoit parer qu'à ce défaut corporel, en ſauvant à ſa Sainteté le déſagrement des mépriſes, & en l'avertiſſant, par de certains attouchemens dont ils étoient convenus du nom & de l'eſpèce des perſonnes, vis-à-vis deſquelles il avoit à traiter dans le Conclave. C'eſt même un bonheur que Paſſeri n'ait pas eu ce talent, car il en ſeroit arrivé des innovations dans l'Egliſe, & puiſque la reconnoiſſance de Clement XII. s'eſt portée

portée pour le premier ſervice, juſqu'à faire ſon Domeſtique Cardinal, s'il lui eût rendu le ſecond, il en auroit au moins fait un Patriarche Vice-Pape, choſe inouïe & toute neuve: mais laiſſons cette ancedotte, pour ſuivre le raiſonnement. Il étoit donc permis à Clement XII. de juger des choſes, com- les Aveugles font des couleurs, mais il n'eſt pas permis à Benoit XIV., Pontife éclairé, Pontife clair voyant, de s'alligner ſur les traces de ſon Prédeceſſeur, & ſinguliérement dans une matiére, où il ne voit guéres plus de jour que le premier. Pourquoi choiſir un pareil guide? n'eſt-il pas à craindre qu'ils tombent tous deux dans la foſſe. *Si cæcus cæcum ducit ambo in foveam cadunt.* Et certainement, ni le Pontife paſſé, ni le Pontife actuel n'ont jamais pu être informés qu'elle étoit la nature de ce ſecret qu'il nomme *Arctum & imperviun fœdus.* Je dis, pas même le Pontife actuel, car je me garderois bien de renvoyer le Pape à ſes connoiſſances particuliéres ſur cet objet. * La Chronique veut

* Etant ſimple Abbé, il fut reçu Franc-Maçon à Boulogne.

veut que Prosper Lambertini, Archevêque de Boulogne, n'auroit pas certainement excommunié les Maçons, mais c'est un vieux Proverbe *honores mutant mores*. Benoit XIV. ne se ressouvient plus de ce qu'il etoit, ni de ce qu'il eut pensé alors ; il a parfaitement saisi l'esprit de son état présent, & c'est comme Pape, non comme homme qu'il a prononcé la Sentence. L'on ne croit pas que cette époque que l'on vient de citer, puisse choquer sa délicatesse ; ce n'est point une calomnie, ni une accusation qui ait besoin de la vengeance celeste, & Benoit XIV. pouvoit se dispenser de feüilleter le vieux Missel, pour y trouver une Oraison propre à la circonstance. Le *Præsta Quæsumus* de St. Gelase dans la Messe *Contra Obloquentes* n'est pas la priére qui convenoit au cas particulier ; le St. Pere auroit bien plutôt dû choisir celle du Missel ordinaire qui commence par ces mots *Satiati muneribus Sacris Domine, fac ut cætera contemnendo, quæramus quæ tua sunt.* Il se seroit apperçu sur le champ, combien le Ciel l'avoit exaucé, car premiérement, *muneribus sacris satiatus est*, il en est comblé *Cætera contemnit*, il ne se souvient plus

plus de rien de ce qui a pû lui plaire dans un autre tems, *Et quærit quæ Dei sunt*, & l'interêt de Dieu tout seul, ou pour mieux dire de ses Ministres, est le motif de toutes ses actions. Nous ne voyons donc plus que le Pape dans la personne du Pape, & c'est à sa Sainteté que nous répondons, premierement que *Non est impervium secreti fœdus*, secondement, *Quod non potest aptari sententia quam protulit Cecilius Natalis apud Minnucium Felicem*. *Non est impervium secreti fœdus*, l'on peut facilement parvenir à le connoître ; mais il en est de ce secret comme de toutes les choses de la vie, dont on n'acquiert la connoissance qu'en se donnant la peine de les étudier, & de les apprendre ; c'est donc en se soumettant au travail de la recherche, c'est en se fasant Franc-Maçons, qu'on apprend à les connoître, & quand il seroit impénetrable ce secret, Cecilius Natalis seroit toujours mal appliqué, & la Sentence ne viendroit pas du tout. *Honesta semper publico gaudent scelera secreta sunt*, en voilà les termes. L'on pouvoit employer un axiome plus fort, & qui quadre mieux au sujet. *Qui male agit, odit lucem*. Tel étoit le principe sur lequel il il falloit raisonner, car le premier ne signifie rien, attendu que si l'on veut, je le nierai, ou je l'accorderai, sans qu'il tire à nulle conséquence. Si je l'accorde, ce sera parce qu'il est vrai que, lorsqu'on commet le crime, on évite les témoins, que lorsqu'on fait le bien, on le publie, pour en être loüé : si je le nie, ce sera parce que, suivant l'Evangile, une bonne action doit être faite dans le secret. *Cum facis Eleemosinam, nesciat sinistra tua, quid facit dextera tua*, ce sera parce que je vois à tous momens le crime se commettre hautement : Témoin l'Aqua Frescoliolo proche les 4. Fontaines à Rome, qui en 1649, fut envoyé aux Galeres à Civita Vecchia, *Col mandato rectè Custodiatur*, pour avoir hautement abusé d'un jeune Garçon, crime qui dans la Ville Sainte peuple les Prisons & les Galeres. Témoins les Profanations journelles qui se font dans nos Temples ; témoins les maladies honteuses, fruits de l'incontinence & de la débauche, pour lesquels, dans ces pays, & dans tant d'autres, le Prêtre, l'Officier, le Seigneur, le Peuple, gissent sur le grabat de la douleur & du martyre ; ainsi donc Cecilius Na-

talis,

talis, & sa Sentence sont déplacez, mais l'axiome, *qui male agit, odit lucem*, étoit bien plus triomphant. Clement XII. en avoit bien touché quelque chose, mais à quoi sert-il contre les Franc-Maçons ? Premiérement, s'il est constant que tout homme qui fait mal se cache, est-il également certain que tout homme qui se cache fait mal ? si l'on prétend que ces deux points soient indivisibles, combien d'abus n'en résultera-t'il pas ; mais moi je soutiens que de même que l'on répute pour Saints ceux qui dans le fond d'un désert, ont, ou fait pénitence, ou prié, ou jeûné, ou mangé, ou gémi, ou ri, attendu qu'étant seuls & isolés, personne ne sçait au juste, s'ils étoient gais ou tristes, chastes ou volupteux, sobres ou gourmands, paresseux ou actifs dévots ou impies. De même l'on doit réputer pour sages, ceux qui retirez dans le sein de leurs maisons, fuyent le monde & son tourbillon, vivent avec un nombre d'amis choisis, dans une liaison particulière, font le bien quand ils le doivent, évitent le mal quand ils le peuvent, se réjouissent sans indécence, s'assemblent sans tumulte se comportent avec ordre, laissent disputer Scot, laiſſent diſtinguer Saint Thomas, laiſſent prêcher les faiſeurs d'Homélie, laiſſent errer Calvin, laiſſent primer l'Egliſe, laiſſent faire la guerre aux Princes, regler l'Etat par les Miniſtres, laiſſent crier les Peuples, cabaler les Grands &c. & qui enfin, ſrns ſe mêler de rien, obéïſſent au Pape, quant à la diſcipline, & payent le tribut au Roi. Voilà une legére eſquiſſe du portrait des Franc-Maçons; ajoutons que ſi parce qu'ils ſe conduiſent avec prudence en ſecret, on doit les juger coupables: l'on ne doit pas non plus faire plus de grace aux Chrétiens des prémiers ſiécles, qui ſous les regnes de Diocletien, Denis, Maximien, Domitien, Julien &c. habitoient dans les cavérnes les plus obſcures, & y célebroient leurs myſteres, les Catacombes de Saint Laurent *extrà Muros*, celles de Saint Sebaſtien, & autres qui étoient conſacrées á ces pratiques, ne méritent pas plus d'eſtime, que les retraites des Voleurs *Spelunca Latronum*, car ce qui s'y faiſoit n'étoit pas public: donc il s'y commettoit des crimes, donc on doit aujourd'hui combler ces ſouterrains, & ne pas expoſer à la vénération ces endroits, qui ne feront plus Saints, mais

mais qui ſeront au contraire fameux par les horreurs qui s'y ſont paſſées. Voilà quel en ſera la conſéquence, & je ne ne crois pas qu'il ſoit de l'interêt du Pape, de le ſoutenir avec trop de chaleur, il y gagneroit auſſi peu que Clement XI. à ſa fermeté pour la Bulle *Unigenitus*, il en naîtroit au moins des ſchiſmes. Que conclure donc ? le voici, c'eſt que de même que les premiers Chrétiens ſe cachoient aux regards curieux, pour éviter la perſécution, de même les Maçons ſe couvrent du voile du myſtère, pour éviter la tyrannie des nouveaux Diocletiens qui les pourſuivent; leur ſecret n'a donc rien d'extraordinaire, ils ſont comme forcez de le garder. Sçachant bien d'ailleurs que la meilleure choſe du monde, tant qu'elle eſt maintenuë entre un petit nombre d'Obſervateurs, perd infiniment de ſon prix, lorſqu'elle ſe divulgue, & qu'elle devient trop commune. Au reſte pour lever toute inquiétude, ce ſecret ne conſiſte que dans des ſignes figuratifs, & des paroles ſacrées, qui formant un langage tantôt muet, & tantôt très éloquent, ſert à ſe communiquer à la plus grande diſtance, & à ſe reconnoitre, de de quelque Langue, & de quelque pays qu'on ſoit : ces ſignes, & ces paroles rappellent le ſouvenir, ou de quelque partie de notre ſcience, ou de quelque vertu morale, ou de quelques traits de l'Hiſtoire Sainte, mais à quoi ſert ce ſecret ? il contribue puiſſamment à lier les Sujets de toutes Nations, & à rendre la communication des bienfaits facile & mutuelle entr'enx, *Eſt & fideli tuta ſilentio merces*, dit Horace. Mais dans ce cas, me répondra-t'on, les Maçons ont d'autant plus de tort de ne pas mettre au jour une ſcience ſi utile, puiſque tous les hommes en deviendroienr meilleurs ; tout au contraire, s'ils le faiſoient, ils meriteroient le blâme & le reproche, parce qu'alors ce feroit s'ériger, ou en Novateurs, ou en Réformateurs, & qu'encore ils n'y gagneroient rien, étant trop difficile de faire applaudir tout le monde entier à un ſiſtême, dont quelques milliers d'ames choiſies, (qui ne ſont qu'un point, en proportion à la totalité de l'Univers,) peuvent connoitre le prix & la valeur. Au ſurplus c'eſt que les Franc-Maçons ne ſont pas tellement obſtinez dans leurs ſentimens, qu'ils croyent qu'il faille penſer comme eux

eux, pour penſer juſte : le Catholique décide ſouverainement que hors de ſa croyance, il n'y a point de Salut, mais le Franc-Maçon, qui par la Maçonnerie même a appris à être prudent & réſervé, ne doute pas que hors de ſon état & de ſon ordre, il ne ſe renconte une infinité d'honnêtes gens ; la qualité d'homme d'honneur étant auſſi indépendante du caractère de Maçon, comme il eſt vrai de dire, que la qualité de bon Maçon, dépend eſſentiellement du caractère d'homme d'honneur, auquel la diſſimulation & le ſecret ſur ce qu'on fait, ne déroge aucunement : voilà donc cet article applani, celui du ſerment ne ſera pas plus difficile à réſoudre.

LETTRE VIII.

Licurge, Solon, Numa, & tous les autres Legiſlateurs politiques, n'ont pû rendre leurs établiſſemens durables, & leurs loix toutes ſages qu'elles étoient, n'ont pu s'étendre dans tous les pays, ni dans tous les ſiécles. Leur but n'étoit que la victoire, les conquêtes

tes, la violence militaire ; comment auroient-elles pû convenir au goût, au génie, aux intérêts de toutes les nations, qu'elle peut être donc la base la plus solide, & sur quoi doit appuyer le bonheur constant d'un Peuple, d'une République, d'un Corps, d'un Etat, d'une Societé? la Philantropie : voilà quel doit être le principe. Le monde entier n'étant qu'une République, dont chaque Nation est une famille, & chaque particulier un Enfant, les vrayes maximes les plus propres pour y maintenir l'harmonie & la concorde, sont celles que l'on puise dans la nature de l'homme. Le lien de fraternité doit être le fruit d'une naissance commune à tous, c'est là le point de réunion, où tous les sujets de differens Royaumes, peuvent conspirer sans jalousie, & l'on peut sans doute se chérir mutuellement, sans rénoncer à sa patrie. Telle est la Societé des Franc-Maçons, dont le but unique est la parfaite alliance des esprits & des cœurs : leur étude est celle d'une morale exacte & sensée. Et si l'Etat du Cloître sçait rendre les hommes Chrétiens parfaits, si l'Etat Militaire inspire l'amour de la belle gloire, l'Ordre des Franc-Maçons forme

forme de bons Citoyens, de bons Sujets inviolables dans leurs promeſſes, fidèles adorateurs du Dieu de l'amitié, & plus amateurs des vertus que des récompenſes. Voilà l'Axe ſur lequel roule tout leur inſtitut, voilà leur objet, ce ne ſont ni des Philoſophes triſtes & miſantropes, ni des irréligieux, ni des libertins, ni des duppes, ni des incrédules ; ils ſe voyent, ils ſe réuniſſent, ils s'aſſemblent, ils cultivent les beaux arts, ils s'appliquent, chacun au talent qui lui eſt propre, mais avant toute autre occupation, ils ſe livrent ſans réſerve à celles de leur état. Leurs répas finiſſent ordinairement leurs cérémonies & leur travail : ainſi célebroit-on à Elenſis les Myſteres de Cerès, dans l'Egypte ceux d'Iſis, à Athenes ceux de Minerve, ceux d'Uranie chez les Phéniciens, & de Diane en Scytie. La Fête finiſſoit toujours par des répas & des libations, mais l'intempérance préſidoit à ceux-là, & la ſobrieté doit regler ceux des Maçons. Or á preſent voyons ſi chaque Famille, ſi chaque Empire, chaque République, dont l'origine eſt perduë dans une antiquité obſcure, n'a pas ſa fable & ſa verité, ſa legende & ſon hiſtoire;

telle

telle est aussi l'ordre des Maçons : Passons sur la fable de son origine, & voyons la verité de son établissement, lisons les actes du Parlement d'Angleterre, qui parlent de nos privilèges, les annales de l'histoire de la Grande Bretagne, lisons les Guerres Saintes de la Palestine, nous y trouverons, si nous voulons, la naissance de la Maçonnerie, quoiqu'il soit bien évident qu'elle rémonte plus loin : tout cela posé & admis, & après avoir pris préliminairement une idée des constitutions de notre ordre, tel qu'on le peut entrevoir du juste détail que je viens d'en donner ; arrêtons-nous, & réflechissons un moment. Qui sont donc ces Franc-Maçons ? les Successeurs, les Disciples, les Enfans, les Alliez, les Freres de plusieurs Princes, de plusieurs Seigneurs, qui dans le tems de la Guerre Sainte, conçurent le projet de rétablir le Temple Chrétien dans la Palestine, & firent vœu de l'exécuter. Mais comment contractèrent-ils cet engagement ? par serment qui les obligeoit tous à employer leurs biens, leurs talens, leurs peines, leurs forces, pour la construction de ces édifices monumens de la Foi & de la Chrétienneté ; mais á qui

qui pouvoit-on confier le ſuccès de cette entrepriſe? à ceux-là ſeulement qui avoient promis d'y concourir ; mais comment les reconnoître parmi les Infidèles & les Sarrazins qui habitoient les mêmes lieux ? au moyen de certains ſignes, de certains mots ſymboliques, tirez du fond de la Réligion même, qui ſervoient à ſe diſtinguer entre amis, mais ces ſignes, mais ces mots, on ne les communiquoit qu'à ceux qui promettoient ſolemnellement, & ſouvent même aux pieds des Autels, de ne les jamais réveler. L'Ordre des Franc-Maçons étant une filiation des premiéres Croiſades ; ils en ont encore conſervé les rits & la méthode : tel eſt le véritable point de vûë, ſous lequel il faut conſiderer la Maçonnerie ; je n'ai fait en détaillant ici, que copier le vrai d'après le ſeul Auteur, qui ait écrit raiſonnablement ſur cet article, & qui n'ait pas abuſé de la crédulité du Public. Vid. Voltaire, Lettres philoſophiques ; nous voici donc ramenez au point de la difficulté. Les Franc-Maçons font un ferment, & c'eſt le troiſiéme grief du St. Pere, *Jus jurandum*, dit la Bulle, „ *Quaſi li-* „ *ceat alicui cujuslibet promiſſionis aut juramenti*

„ *ramenti obtentu se tueri, quò minus à le-* „ *gitimâ potestate interrogatus, omnia fa-* „ *teri teneatur, quæcumque requiruntur ad* „ *dignoscendum &c.* Prenons les parties de cet énoncé, & d'abord en général. *An licet cujuslibet promissionis aut juramenti obtentu se tueri*, & je répons hardiment qu'oui, car sans multiplier les autoritez, il suffit de sçavoir ce que c'est qu'un serment, de combien de sortes est le serment & qu'elle est la personne seule, en état de recevoir un serment. Je trouve à chaque pas dans les décretales, que le serment est la promesse solemnelle & authentique, de faire ou de ne pas faire une chose, ce qui me paroit un attribut de la liberté de l'homme, qui lui donne le droit de consentir ou de refuser, je trouve *Quod Juramentum triplex est volontarium, scilicet, necessarium & Judiciale*; je trouve enfin, *quod ad Diversa, Diversis præstari potest.* J'examine ensuite & je dis si la faculté de s'engager solemnellement à faire, ou à ne pas faire une chose est un attribut de la liberté donc, *Cujus libet promissionis, aut juramenti obtentu licet se tueri*, pourvu que la chose promise n'emporte rien de criminel, ce qu'il faut absolument

ment presuppoſer, *Supra crimen enim Juramentum non ligat.* Donc diſois-je tout de ſuite, la première partie de l'obſervation de la Bulle porte à faux, car que cette faculté de promettre ne ſoit pas duë à l'homme libre, comment le nier? Puiſque les Canons eux-mêmes diſtinguent trois ſortes de ſerment néceſſaire, judiciaire & volontaire. Telle eſt la nature de celui qui lie les Franc-Maçons, ils le donnent volontairement, il les oblige néceſſairement a tenir leur parole, à aimer la vertu, à la pratiquer, mais c'eſt ce que fait auſſi la Religion me dira-t'on, & peut il y avoir un lien plus étroit? non ſans doute auſſi la Maçonnerie n'ajoute t'elle a l'homme vertueux ſelon la Religion, que le devoir d'employer cette même vertu, pour une fin particuliére que la Religion n'a pas preſcritte, mais qui s'accorde avec elle, cela convenu le Maçon a donc pu jurer de faire le bien, la loi lui en impoſe l'obligation générale, pourquoi n'auroit-il pas pu s'en former un point d'obſervance ſpeciale, il a pu le faire ce jurement, ce ſerment entre les mains du Chef de la Societé, ou de celui qui en tenoit la place, & s'il eſt vrai, *Quod*

 jura-

juramenta ubi diversa diversis præstantur; suivant le cas celui qui a reçu le sien à agi valablement & étoit en pouvoir, *non fuit enim judiciale sed volontarium.* Eh quoi! mon ami ne peut il pas recevoir chaque jour ma parole d'honneur sur tel ou tel Chapitre, tel est le serment des Maçons, une parole d'honneur redigee en formulaire, pour faire une plus vive impression à celui qui la donne. Nous voilà bien avancés mais suivons. *Quo minus à legitima protestate interrogatus omnia fateri teneatur.* Ce sont encore les paroles de la Bulle, si le Franc-Maçon vouloit se soustraire à cette profession de foi a cet aveu authentique, en un mot à confesser. » *Id est omnia fateri quæcumque valent* » *ad dignoscendum si quid fiat in his conventibus quod sit contra Religionis aut* » *Reipublicæ statutum & Leges.*

Non le St. Pere se trompe, ils n'ont jamais prétendus s'interdire le pouvoir de déclarer au Prince, tout ce qu'ils découvriront lui être contraire, n'y d'avertir l'Eglise de tout ce qui pourroit blesser la Religion. Non si quelque cas de cette espèce venoit à leur connoissance, loin de le taire, loin d'être obli-

gez

gez par leur ferment à le taire, *juramentum enim fupra crimen non ligat*, le premier devoir des Franc-Maçons, feroit de le publier pour montrer leur foumiffion à la foi, & leur zèle pour l'état, lors donc que les queftions qu'on prétend leur faire rouleront fur cet objet, ils feront toujours prêts à répondre, mais lorfque la Bulle parlera de cette legitime puiffance, qui felon l'expreffion du Pape a le droit de les interroger à *legitimâ Poteftate interrogatus.* Ils s'obftineront à refter diffimulez & fecrets, jufqu'à ce que on leur ait expliqué, qu'elle eft cette puiffance qui doit les faire trembler & parler, car ils n'en connoiffent ni dans le fore extérieur, n'y dans le fore intérieur, à qui l'on puiffe attribuer cette authorité vû que leur ferment, n'eft point judiciaire & par conféquent qu'il n'eft pas fujet au tribunal des hommes, qui n'étant pas nés, fuivant la loi naturelle pour être les efclaves les uns des autres, peuvent excepté dans les cas de droit, difpofer de leur volonté fans rendre compte. Quant au fore intérieur, quel juge encore peut l'exiger? Le fçeau de la Confeffion affure le fecret des crimes

 dont

dont on s'accuſe, & ſi l'ordre en faiſoit commettre; ſans doute qu'il ne faudroit pas héſiter de les avoüer, quoique je compte qu'en pareil cas une Indulgence bienfaiſante, procureroit l'exception en faveur des Confeſſeurs qui les reveleroient. L'application de ces derniers à queſtionner leurs penitents ſur cet article, montre aſſez combien on eſt jaloux de le ſçavoir, cependant le P. Bordoni, Confeſſeur de l'épouſe du Miniſtre d'un Roi de Sardaigne, fut puni, & fit bien du tort aux Enfans de St. Ignace, du nombre deſquels ils étoit par ſa trop grande curioſité. En effet quel eſt le devoir du Prêtre dans le Tribunal de la Penitence, d'écouter ſans Paſſion le recit de celui qui s'accuſe, de chercher à développer telle ou telle circonſtance que le pêcheur lui cache, lorſqu'il eſt déjà a demi convaincu parla déclaration de la faute capitale; mais fut il jamais permis de pénetrer ce que le penitent n'a point enoncé, & pour ſatisfaire à cette maligne envie de ſçavoir plus qu'on ne veut lui dire, doit il s'obſtiner a exiger un aveu qu'on lui réfuſe, tant pis pour celui qui ment aux yeux de Dieu; le Confeſſeur n'eſt

jamais

jamais caution de ſon arrêt, qu'à l'égard des faits ſur les quels il a prononcé, ainſi donc le Maçon perſecuté par ſon Directeur, de lui dévoiler ſon ſecret, n'eſt point tenu à le faire, puiſqu'il ſçait que ce ſecret n'eſt pas un crime, le Directeur eſt alors un juge incompetent duquel on peut appeller à ſa propre conſcience, puiſque ſi pour cette reticence il refuſe au penitent de l'abſoudre, il juge ſur ſa prévention, & non pas ſur l'évidence; c'eſt cependant ce qui dans toutes les affaires de la vie rend les raiſonnements conſéquents & valables. Donc celui du Pontif contre le ſerment, dont il s'agit eſt un argument vicieux, puiſqu'il pêche dans le principe & dans la qualité. J'ai promis d'être toujours vôtre ami, je l'ai juré ſur l'Evangile, on veut me l'imputer à crime, que fais-je en pareil cas, je juré une ſeconde fois de n'être pas aſſez duppe pour croire qu'on a raiſon, *Adieu.*

LETTRE IX.

RAssemblons sous un seul point de vuë les trois derniers objets, qui ont excité la colère du Vatican, ils sont d'une trop petite importance pour y devoir donner une réponse separée. *Vagantur extra Corpus Juris.* Ne suivons donc point d'ordre, qu'on se souvienne seulement que le Pape prétend que les Maçons, sont contraires aux Loix civiles & Canoniques, que c'est Pline qui l'a dit, & que sans cela le Pape ne les auroit pas excommunié c'est le quatriéme motif de la Bulle. Qu'en cinquiéme lieu ils ont déjà été proscrits de plusieurs Royaumes, & sixiémement enfin que les gens prudens en pensent très mal, je pourrois presque ici finir ma Lettre, & l'exposé seul de la proposition en fait la réfutation, mais en faveur de la prolixité du St. Pere dans le contenu de sa Sentence, il faut aussi un peu nous étendre pour lui rendre le Change.

„ *Non minus civilibus quam Canonicis*

„ *Sanctio*

„ *Sanctionibus adversari dignoscuntur*". A cela je ne puis opposer qu'une petition de principe, en reprenant tout ce que j'ai dit ci-dessus, pour constituer la véritable idée qu'on doit prendre des Maçons. J'ai fait voir qu'ils avoient pour principe d'observer exactement les loix, d'être fidèles a leur Prince de ne point manquer à l'honneur, or ces trois choses me semblent parfaitement conformés aux loix Civiles & Canoniques. Il ne faut pas même être Pape, pour le comprendre car à prendre un Enfant a l'issuë de sa naissance, & suivre pas à pas le progrés de son entendement, s'il est vrai de dire qu'il ait une ame, & que cette ame soit pourvue des idées scientifiques, il doit concevoir que lorsqu'il fait ce qu'on lui ordonne de faire, il ne tombe pas dans le cas de la desobéïssance. Or servir le Prince & ne faire aucun tort, voilà ce que m'ordonne la loix civile; adorer Dieu, l'aimer & le craindre, voilà ce que m'ordonne le droit Canon; le Maçon fait ces deux choses, donc l'Enfant verra que les Maçons, malgré tout ce qu'à dit Benoit XIV, & Pline ne tombent point en contravention contre les loix, il ne faut

faut pas confondre une *Societé* fondée ſur ces trois principes, & qui ne traite, ni d'intérêt, ni de commerce, ni de politique; avec ces congrégations, ces aſſemblées, que la ſureté publique ne permet point ſans l'autorité du Prince, & lorſque l'Empereur dans ſon édit a défendu les Fteries, il n'a point prétendu interdire les aſſemblées indifférentes, ou le Miniſtère n'eſt point intereſſé voilà douc l'état, voilà le Prince en ſureté, reſte à tranquilliſer l'Egliſe, & c'eſt l'affaire de 4 ou 5. mil écus, que les Maçons donneront volontiers, pour obtenir du Pape, les mêmes privilèges qu'il à déjà accordé à la Confrerie des morts, a celle du St. Sacrement, du Roſaire, du Scapulaire, &c. Les Maçons reconnoiſſans St. Jean pour leur Patron & leur Protecteur, ne feront point de difficulté d'être appellés les Confreres de la Confrerie de St. Jean, cela leur procurera un grand avantage car je ne doute pas qu'auſſi-tôt cet arrangement pris, ils ne ſoient rappellés dans les Royaumes, dont le Pontife prétend qu'ils ont été chaſſés, en Angleterre ſingulièrement en Pruſſe, en Hollande, cela leur donnera un grand relief,

relief, & la foi Catholique pourra bien y gagner, car il feroit bien beau devoir Le Roi de Pruſſe, ou le Roi d'Angleterre, Prieurs ou Recteurs de la Confrerie de St. Jean. Mais ou peut on pêcher tant d'inepties, quoi lorſqu'il conſte que les premiers Monarques du monde, ſe font honneur d'ètre Maçons, ou du moins de proteger la Maçonnerie, quoi lorſqu'on voit le prémier Roi de la Terre, tranquille à l'ombre des lis qui relevent ſa brillante Couronne, laiſſer en paix la plus ſaine & la meilleure partie de ſes ſujets, qui hautement ſont connus pour être dans cette Societé. Le Pontife néanmoins s'aſſure de dire qu'ils ſont exilez & bannis: ah du moins ils le méritoient, & la mauvaiſe opinion qu'on lui a fait concevoir ſur leur compte auroit du décider les Potentats, à purger leurs Royaumes de cette peſte publique, mais cette mauvaiſe opinion, qui l'a concuë? le fanatiſme & la ſuperſtition, qui là donnée? la ſéduction & la calomnie, qui en a été la duppe? La bonne foi & l'ignorance, mais cette bonne opinion ſi difficile a concilier convient-il au ſouverain Pontife, de l'alleguer pour motif de ſa façon de

 penſer

penser, ne verra-t'il donc jamais que par les yeux des autres, & s'il est placé comme la lumière sur le chandelier pour éclairer l'univers, pourquoi ne commence-t'il pas par s'éclairer lui-même, pourquoi permet-il qu'on le trompe, & s'il doit reformer les abus, pourquoi souffre-t'il qu'il s'en commette, & s'il est le Ministre des Ministres, pourquoi permet-il à quelques-uns d'entre eux, marche dans la voye de l'iniquité & qu'il y conduise les fidèles. Pourquoi n'impose t'il pas à ces faux Prophêtes qui avilissent la foi bien loin de l'établir. Mauvaise opinion! mais pourquoi m'arrêter à combattre une chimere, laissons-donc la Bulle & ses allégations. Adieu.

LETTRE X.

VOir un Pontife implorer le secours & l'assistance des Puissances Séculieres, voir un Pape s'avilir, jusqu'à prier les Rois de concourir avec lui dans le cas où le dépotisme de la Thiarre devroit être plus que suffisant : voilà la derniére

derniére position dans laquelle je considére Benoit XIV. & c'est précisement ce qui termine la Bulle ; quelle chûte pour le Vicaire de J. C. Nous l'avons vû se tromper sur les principes, errer dans les conséquences, se décider par des conjectures, & nous le voyons au moment présent, supplier pour ainsi dire ceux au dessus desquels il prétend la préeminence, de vouloir bien étayer & appuyer sa prétention. Oh le Successeur de Saint Pierre ainsi dans l'abaissement, présente un phénomène, auquel on ne peut certainement attribuer d'autres causes que l'insuffisance de son pouvoir, ou la foiblesse de ses raisons, tant il est vrai, comme le dit Saint Paul. *Non potest enim oculus dicere manui, operâ tuâ non indigeo*, mais ce bras séculier qu'il invoque, accordera-t'il cette force auxiliaire qu'on lui demande ? non, & les Maçons espérent que singuliérement dans ce Royaume, un Monarque juste fera éclater & son indépendance & sa sagesse, en réfusant une protection timide, un secours tyrannique, contre des sujets qui, loin d'avoir voulu jamais blesser ses droits, se confient totalement en sa bonté, prêts à montrer leur obéïssance

ce

ce pour leur Maître, par l'aveu de tous leurs myſtères, qu'ils n'héſiteront pas de dévoiler à ſa Majeſté, prêts en outre à rénoncer pour jamais à tout exercice public de ces differentes pratiques, qui excitent aujourd'hui la jalouſie & la colere du St. Siége, cette marque de leur ſoumiſſion, & de leur entiere obéïſſance, ſervira ſans doute à faire triompher la juſtice de leur cauſe, s'ils ont pris la liberté de mettre au jour quelques réflexions peutêtre un peu trop ameres, ſur le crime dont on les taxe, & la ſentence dont on les note ; ils n'ont pas prétendu s'écarter du reſpect, ni de la ſubordination qu'ils doivent au Chef de l'Egliſe ; en cela du moins ils ſont excuſables, que ſi le Vicaire de J. C. eût parlé en Paſteur, il auroit trouvé des Agneaux doux & ſoumis, qui touchez de ſes charitables rémontrances, auroient cherché à le détromper, & à ſe corriger, ſi le Pape s'étoit expliqué, s'il avoit aſſuré. *Hoc autem dico ſecundum indulgentiam, non ſecundum imperium.* Ils auroient reçu avec reconnoiſſance & componction, cette correction vraiment paternelle, car l'on ſçait, & l'on reconnoit *Quod veniet ex Sion, qui eripiat*

&

& avertat impietatem à Jacob. L'on ſçait & l'on reconnoit qu'il eſt ce véritable Envoyé céleſte, qui doit effacer les ſcandales, détruire les abominations, punir les crimes, & rétablir la paix. C'étoit donc portant à la main le Rameau d'Olivier, & non pas armé du glaive de la vengeance, que l'on comptoit de voir paroitre le Miniſtre de la douceur, *Omnia veſtra in charitate ſiant*, je le répéte, la charité, & non la colere doit animer le Pontife; ſi donc les Franç-Maçons ſe ſont échapés en reproches peu meſurés, en conteſtation trop vive, que l'on pardonne à la ſenſibilité qu'excite toujours la calomnie. Viendra le tems que l'on verra leur innocence à découvert. *Videmus nunc per ſpeculum & in enigmate*, mais devant Dieu *Tunc autem facie ad faciem.* Voilà mon Revérend Pere, la perſpective flatteuſe que je conçois dans l'avenir. Le preſent eſt un paſſage, mais l'Eternité reſte, & en ce jour terrible, où tout ſera peſé, la balance de la juſtice l'emportera, j'eſpére, en notre faveur, faites-moi le plaiſir de ne communiquer à perſonne ce que je vous écris, nous ſommes dans un ſiécle où l'on n'aime pas la verité,

rité, & comme je ne veux pas mentir, le parti le plus prudent eſt de ſe taire. Mandez-moi ce que vous penſez de mes réfléxions, car je compte que quoique l'Excommunication s'étende, juſqu'à ceux qui entretiennent le moindre commerce avec les Franc-Maçons, vous ne vous ferez pas néanmoins une peine de continuer celui que nous avons commencé, & que vous ne refuſerez pas votre amitié aux ſentimens avec leſquels j'ai l'honneur d'être,

V. S.

FIN.

AVERTISSEMENT.

L'ON trouvera dans peu chez le même Libraire, & par le même Auteur LE VATICAN VANGÉ, pour servir de pendant aux Etrennes du Pape. Apologie ironique. Ou Lettre d'un Pere à son Fils, au sujet de la Bulle contre les Franc-Maçons. 8°.

Les amusemens de Paris, ou nouveau Récueil de Chansons en Musique.

Il reste encore quelques Exemplaires de l'Antitherese. 8°.

Panagiana. Ou le faux Evangeliste par Mr. de Prémonval. 8°.

Catéchisme de Delincourt. 8°.

ERRATA.

Pag. 24. *lign.* 5. ſtrinctement, *liſez* ſtrictement,
pag. 29. *lign.* 10. tout. *liſez.* tous.
pag. 31. *lign.* 12. prononcer. *liſez..* prononcé.
pag. 32. *lign.* 1. oublie. *liſez.* oublié.
pag. 32. *lign.* 11. Eſcobar. *liſez.* Scobar.
pag. 35. *lign.* 24. Calomniateurs. *liſez.* calomnieux.
pag. 42. *lign.* 19. Il conteſte. *liſez.* il conſte.
pag. 42. *lign.* 26. intallerable. *liſez.* intolérable.
pag. 43. *lign.* 13. ou trop prudent. *liſez.* trop prudent.
pag. 50. *lign.* 5. & ſi Americ Veſpuce. *liſez.* & ſi Chriſtophe Colomb, & depuis Améric Veſpuce ont pû.
pag. 55. *lign.* 18. font. *liſez.* ſont.
pag. 55. *lign.* 27. exiſtoit. *liſez.* étoit.
pag. 59. *lign.* 25. ſanctiſicatus. *liſez.* ſanctificatus.
pag. 62. *lign.* 1. par la perte. *liſez* payé par la perte.

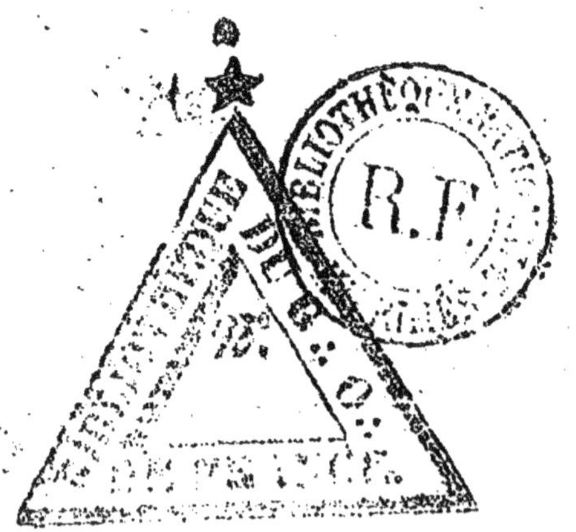

www.ingramcontent.com/pod-product-compliance
Lightning Source LLC
LaVergne TN
LVHW020354230826
846091LV00003B/1095

9782012837362